EDUCACIÓN

EVALUAR CON EL CORAZÓN

De los ríos de las teorías al mar de la práctica

Miguel Ángel Santos Guerra

Santos Guerra, Miguel Ángel
Evaluar con el corazón: De los ríos de las teorías al mar de la práctica / Miguel Ángel Santos Guerra.
- 1a ed. 3a reimp. - Rosario: Homo Sapiens Ediciones, 2019.
184 p.; 22 x 15 cm. - (Educación)

1. Educación. 2. Evaluación. I. Título.
CDD 371.1

1ª edición, marzo de 2017
3ª reimpresión, noviembre de 2019

Sarmiento 825 (S2000CMM) Rosario | Santa Fe | Argentina
Tel: 54 341 4243399 | 4406892 | 4253852
editorial@homosapiens.com.ar
www.homosapiens.com.ar

Coordinación editorial: Laura Di Lorenzo

Este libro se terminó de imprimir en noviembre de 2019
en **Gráfica Amalevi S.R.L.** | Mendoza 1851/53
2000 Rosario | Santa Fe | Argentina

Este libro ha sido escrito con el corazón.
Porque ha sido escrito para Lourdes y para Carla.

Índice

Introducción

La Editorial Homo Sapiens ha tenido la amabilidad de abrirme de nuevo sus puertas para invitarme a publicar un libro sobre una cuestión controvertida y apasionante: la evaluación de los aprendizajes de los alumnos y de las alumnas.

La evaluación es en todo el mundo un fenómeno de inusitada relevancia. Lo es especialmente en Argentina donde los vientos del neoliberalismo han impulsado unas concepciones peligrosas. La evaluación, que podría utilizarse de forma prioritaria para comprender, para mejorar, para dialogar, para motivar y para potenciar la calidad del aprendizaje (Santos Guerra, 2015), se está utilizando para medir, para comparar, para clasificar, para controlar y para jerarquizar.

La evaluación que se realiza en las escuelas no tiene lugar en la estratosfera o en una campana de cristal. Se realiza en un contexto que hoy está enmarcado en la filosofía neoliberal, que contradice casi todos los presupuestos de la educación: individualismo, competitividad, obsesión por la eficacia, relativismo, olvido de los desfavorecidos, privatización de bienes y servicios, hipertrofia de la imagen, reificación del conocimiento, mercantilización de las transacciones, capitalismo salvaje, imperio de las leyes del mercado... Las políticas de la educación, las actitudes de las familias, las demandas de la sociedad están impregnadas por estas concepciones y formas de actuación. Por eso la escuela tiene que ser hoy, a mi juicio, una institución contrahegemónica.

La evaluación tiene varios componentes. Uno es el de comprobación, ciertamente difícil. Consiste en saber si lo que tenía que aprender el alumno realmente lo ha aprendido. Se han realizado estudios que muestran que, para que haya rigor en la corrección de ejercicios de ciencias, hacen falta, al menos, doce correctores. Hablo solo de la corrección, sin tener en cuenta otras cuestiones importantes como si lo que se ha preguntado es lo más importante, si se ha preguntado de manera inteligible… Para que haya rigor en la corrección de ejercicios de letras harían falta más de cien correctores. Otro componente, no menos importante, es el de atribución. Consiste en explicar las causas de que el aprendizaje no se haya producido. Si todas las explicaciones recaen en los alumnos ("son vagos, son torpes, están mal preparados, no tienen voluntad, están distraídos, tienen problemas, no saben estudiar…") será imposible convertir la evaluación en un proceso de mejora. Si no hay ninguna interpelación a la elaboración del currículum, a la metodología, a las relaciones, al clima de la institución, a la coordinación docente… la práctica estará condenada a la rutina.

La evaluación es como un cuchillo. Se puede utilizar para salvar a las personas y liberarlas de las cuerdas de la ignorancia y de la opresión, pero también puede utilizarse para herir y matar. La evaluación tiene poder y el poder puede ayudar o hundir, apoyar o desanimar, salvar o matar. Creo que es decisivo ahondar en el sentido ético de la evaluación.

No comparto la concepción y la práctica de evaluación que se pone al servicio del poder y de los más favorecidos de la tierra. Creo que la evaluación tiene que ponerse al servicio de los valores y de las personas, especialmente de aquellas a las que Paulo Freire llamaba "desheredados de la tierra".

La evaluación es un fenómeno complejo. Permite poner sobre el tapete todas nuestras concepciones, principios y actitudes. Uno de los textos de la primera parte se titula precisamente así: Dime cómo evalúas y te diré qué tipo de profesional y de persona eres.

- Quien tiene una concepción academicista de la enseñanza, quien entiende que enseñar es solo transmitir datos y conocimientos al aprendiz, practicará un tipo de evaluación sumativa consistente en la repetición fiel de lo aprendido.
- Quien piensa que la autoridad es solo del profesor, y que solo él tiene la responsabilidad de decidir, hará de la evaluación un proceso jerárquico en el que todo ha de hacerse según su criterio.
- Quien tiene una actitud sádica hacia los demás hará de la evaluación un mecanismo torturador que amenaza, castiga y hace sufrir a los evaluados. Mientras más difícil sea tener éxito, más satisfacciones.

El libro tiene tres partes que presentaré siguiendo la metáfora del agua. Partiré, en la primera parte, de los manantiales donde nacen los ríos, es decir, de aquellos principios que nutren el caudal de las teorías… Continuaré en la segunda con aquellas derivaciones que fluyen de los principios, es decir los ríos a los que nutren las fuentes y que suponen una simbiosis de teoría y práctica, y terminaré en la tercera con el mar de la práctica donde desembocan todas las teorías. La evaporación llevará el agua de la práctica a las nubes de la reflexión, cuya lluvia nutrirá de nuevo los manantiales. Teorías que van a la práctica y prácticas enriquecedoras que mejoran las teorías.

La primera parte está constituida por seis textos en los que reflexiono sobre la naturaleza del proceso de evaluación en las escuelas. La segunda consta de once textos breves en los que se ven materializados aquellos principios. La tercera contiene trece ejercicios prácticos sobre enseñanza y evaluación para llevar a la práctica.

He querido que el libro lleve el título *Evaluar con el corazón.* Por varios motivos. En primer lugar, porque se evalúa el trabajo realizado por personas y porque son personas quienes realizan la evaluación. No somos, unos, máquinas de enseñar y, otros, máquinas que son revisadas en su funcionamiento. En segundo lugar, porque quiero romper la idea de que la evaluación es un fenómeno meramente técnico sin que en él influyan elementos de carácter ético. Por último, porque pretendo subrayar el hecho de que hay muchos sentimientos y emociones en la evaluación. Y muchas consecuencias que afectan, sobre todo, a la autoestima y al autoconcepto.

Me gustaría que este libro llevase a reflexionar sobre la naturaleza de la evaluación que se practica en las escuelas. Y, desde esa reflexión, a la mejora de las prácticas profesionales.

Miguel Ángel Santos Guerra

PRIMERA PARTE

DE LOS MANANTIALES DONDE NACEN LOS RÍOS

En esta primera parte voy a presentar seis textos para avivar la comprensión del fenómeno de la evaluación. Y uno más que tiene un carácter más pragmático, ya que constituye una propuesta de acción para mejorar la práctica de la evaluación.

Hay profesores y profesoras que desprecian la teoría como si fuese una rémora respecto a la práctica. Grave error. No hay nada más práctico que una buena teoría. La teoría inspira la práctica, la llena de sentido. Por otra parte, todos quienes actúan lo hacen conforme a una teoría. Lo que pasa es que, en muchas ocasiones, no está elaborada, no está explícita, no está fundamentada.

Cuatro están centrados en niveles no universitarios (no me gusta esta definición marcada por la negación, pero resulta útil) y dos se refieren de manera más directa a la Universidad, como se indica en los respectivos títulos. De cualquier manera todos los textos pueden servir indistintamente para unos niveles y otros.

Dos textos tienen mucho que ver con el título de ese libro (Tatuajes en el alma y Corazones, no solo cabezas en la Universidad) ya que están centrados en la esfera de los sentimientos que lleva aparejado el fenómeno de la evaluación.

El último texto estuvo destinado a introducir una obra que coordiné con la profesora Inmaculada Smolka y que fue el resultado de una experiencia que deseo compartir con los/as lectores/as. Sobre todo porque constituye una propuesta para la mejora de la práctica. Se trata de realizar procesos de investigación sobre la práctica de los docentes con el fin de comprenderla y de mejorar su racionalidad y su justicia.

La invitación a formularse preguntas, a compartirlas, a investigar con rigor en busca de las respuestas, a comprender la práctica, a tomar decisiones para mejorar y a plasmar por escrito el proceso, es el mejor camino para la transformación.

Insisto en la necesidad de plasmar por escrito las indagaciones. Porque el pensamiento errático y caótico que muchas veces tenemos sobre la evaluación, al tenerlo que poner por escrito debe someterse a la disciplina de la escritura, debe estructurarse y debe ser sometido a la racionalidad de la explicación.

Por otra parte, la publicación de las experiencias constituye un motivo de estímulo y de aliento para quienes pueden comprobar de manera fehaciente que hay más profesionales empeñados en comprender y mejorar su práctica. Si contásemos todas las cosas buenas cosas que hacemos encontraríamos una fuente inagotable de optimismo.

Evaluar es comprender: de la concepción técnica a la dimensión crítica

La evaluación, no sin motivo, se ha convertido en los últimos años en uno de los ejes sobre los que pivota la reflexión educativa. Puede haber en ese hecho un componente irracional, como el que impulsa algunas modas y muchos intereses de diverso tipo que se promueven de forma más o menos explícita. Lo cierto es que la forma de entender la evaluación condiciona el proceso de enseñanza y aprendizaje. Por una parte, la forma de concebir y desarrollar ese proceso conduce a una forma de practicar la evaluación, pero no es menos cierta la tesis contraria: una forma de entender la evaluación hace que se supediten a ella las concepciones y los métodos de enseñanza.

La concepción predominante sobre la evaluación afecta no sólo a la que se realiza en las aulas con los alumnos y alumnas sino a los Centros escolares. La utilización de la evaluación como un instrumento de diagnóstico, de aprendizaje y de comprensión encaminada a la mejora tiene una menor presencia que la evaluación como mecanismo de control, de selección, de comparación y de medición.

No es que existan dos paradigmas únicos, radicalmente opuestos, sin zonas intermedias en que se entremezclen las concepciones y los enfoques divergentes. La educación (e incluso la enseñanza) está transida de complejidad. No es acertado simplificar un proceso tan complicado como la adquisición de aprendizajes o el desarrollo personal.

¿A qué llamamos éxito y fracaso escolar? Si los grandes triunfadores del sistema no son capaces de que desciendan significativamente en la sociedad las grandes lacras de la desigualdad, la injusticia, la opresión, etc., ¿por qué hablamos de éxito del sistema? Hay, pues, una dimensión colectiva y social de la evaluación educativa que, en definitiva, se pregunta por las consecuencias de la educación en la mejora de la sociedad. ¿Qué hacen los que triunfan con el conocimiento adquirido? ¿Para qué sirve haber alcanzado el éxito?

La finalidad esencial de la pedagogía es proporcionar medios a los grupos sociales oprimidos para que tomen conciencia de su situación y facilitarles los instrumentos para encontrar métodos de transformación de la realidad (Trend, 1995).

La evaluación tiene una dimensión sociológica ya que se convierte en la criba que selecciona a los estudiantes y permite o impide su avance en las siguientes etapas del sistema. Cuando no existe igualdad de oportunidades, lo que hace una pretendida evaluación justa y objetiva es perpetuar y acentuar las diferencias. ¿Cómo van a obtener unos resultados similares en unas pruebas de inglés un alumno que tiene en su casa ayudas suplementarias, profesores particulares, materiales especializados y, sobre todo, un clima favorable, y otro que no dispone de ayuda alguna y que, por el contrario, vive en un ambiente culturalmente depauperado?

Siendo el ritmo escolar muy intenso, no puede seguirse en el tiempo escolar. Por eso es necesario, como dice Bernstein (1990), un segundo lugar de trabajo en la familia. ¿Qué sucede con los que no lo tienen? ¿No es cierto que vuelven a estar castigados y discriminados?

> "A pesar de su indiscutible interés, la gratuidad de los estudios, si en cierta medida favorece la escolarización de niños de bajo nivel económico, es insuficiente para igualar el peso financiero de la educación entre los diferentes grupos sociales; puesto que la educación, salvo raras excepciones, nunca es totalmente gratuita, en general el "lucro cesante" de los alumnos queda a cargo de las familias, lo que imposibilita una verdadera democratización de la enseñanza" (Hallack, 1977).

Por otra parte, la forma de practicar la evaluación descansa frecuentemente en utensilios lingüísticos. ¿Cómo van a dominarlos de la misma forma quienes tienen en la casa una enorme pobreza en los medios de expresión?

Las repercusiones psicológicas de la evaluación son importantes, ya que a través de los resultados de la misma los estudiantes van configurando su autoconcepto. Uno de los referentes que determina la autoestima es el pretendido valor objetivo de la evaluación docente. Obtendrán calificaciones sobresalientes los estudiantes inteligentes y esforzados.

Los estudiantes tratan de acomodarse a las exigencias de la evaluación. Si el profesor aplica pruebas objetivas, el alumno estudiará de forma que pueda obtener un resultado satisfactorio en las pruebas.

Está forzada la división dicotómica porque la medición puede conducir a la comprensión y porque ésta puede basarse en la medición. El carácter maniqueo de esta dicotomía ha de entenderse desde una perspectiva metodológica, es decir como una simple estrategia para la comprensión a través del contraste.

Me refiero al predominio de unos componentes sobre otros, al modelo del que se derivan las pautas de comportamiento. Es una clasificación discutible, pero que puede iluminar un debate siempre necesario.

Estas dos dimensiones pueden aplicarse tanto a la evaluación de los alumnos y alumnas como a la de los Centros escolares. La filosofía que las genera, las mantiene y las utiliza es la misma.

La evaluación como medición: Dimensión tecnológica/ positivista

La evaluación no es un fenómeno meramente técnico, alejado de dimensiones políticas. Esa es la trampa que se tiende a quienes inge-nuamente creen que las cosas son como son y que, en esencia, no se pueden cambiar. La evaluación es un constructo social y cumple unas funciones que interesan a unos y perjudican a otros. No se debe ocultar la naturaleza política y ética de la evaluación.

"La escuela cumple por la vía de la evaluación una función ideológica del Estado" (Álvarez Méndez, 1995).

El proceso de evaluación encierra mecanismos de poder que ejerce el profesor y la institución. Quien tiene capacidad de evaluar establece los criterios, los aplica de forma libérrima e interpreta y atribuye causas y decide cuáles han de ser los caminos de cambio.

"El discurso político sobre la educación (y en él va incluida la evaluación) transforma lo que debe ser prioritariamente una cuestión moral en un rompecabezas técnico hasta hacerlo administrativamente viable" (Álvarez Méndez, 1995).

Las exigencias de la Reforma (nacidas de la inquietud del legislador más que de la preocupación de los profesionales) ha despertado preguntas y avivado preocupaciones de carácter técnico: ¿Con cuántas asignaturas suspensas se promociona?, ¿cómo se hacen los informes?,

¿cómo se promedia la evaluación de conocimientos con la evaluación de actitudes y procedimientos?, etc. Pero no ha despertado interrogaciones sobre cuestiones esenciales de la evaluación, sobre su dimensión ideológica, política y ética. Por ejemplo: ¿A quién beneficia una forma de entender la evaluación?, ¿qué intereses promueve?, ¿a qué modelo educativo y a qué tipo de sociedad responde?, etc.

La evaluación no solo incorpora procesos de medición y de cuantificación sino explicaciones causales sobre las mismas. He asistido a numerosas sesiones de evaluación en las que los profesores atribuyen el fracaso a causas exclusivamente centradas en los alumnos: "son torpes, son vagos, están mal preparados, ven demasiada televisión, no atienden, no saben estudiar, se portan mal, están desmotivados, no entienden, forman un grupo malo, las familias no ayudan, etc.".

Cuando se atribuyen todas las explicaciones del fracaso a factores ajenos, ¿cómo se va a mejorar la práctica profesional, el contexto organizativo, la organización de los contenidos, la metodología de enseñanza, el modo de evaluación...? Son los alumnos quienes han de modificar sus comportamientos o redoblar su esfuerzo, son los padres y las madres quienes tienen que ayudar más y mejor a sus hijos e hijas, etc.

En una sociedad meritocrática es lógico que exista un modelo de evaluación que solamente tenga en cuenta los resultados y las calificaciones.

Naturaleza: Es una evaluación que consiste, fundamentalmente, en la comprobación de los resultados del aprendizaje en el ámbito de los conocimientos. Se realiza a través de pruebas estandarizadas, para todos iguales, aplicadas en los mismos tiempos y corregidas con criterios similares. La evaluación se convierte en una comprobación del aprendizaje y en un medio de control social.

Se expresa a través de números y se cuantifica en resultados que pueden compararse. La utilización estadística de los datos tiene un nivel micro en el aula y un nivel macro fuera de las mismas. (El *assessment* institucional consiste precisamente en la medición de resultados a través de pruebas, en el establecimiento de clasificaciones y en la recompensa a quienes mejores puestos alcanzan.)

Entraña una concepción utilitarista del aprendizaje, de modo que el rendimiento es el único o al menos el más valioso de los indicadores del éxito.

La concepción técnica de la evaluación exige la taxonomización de los objetivos, porque la comprobación del aprendizaje se puede efectuar de forma clara y precisa. Se simplifica la comprobación, ya que no se ocupa de los efectos secundarios, no se pregunta por las causas del fracaso y no se plantea cuestiones relativas a la transformación de los procesos.

Funciones

Algunas funciones se acentúan desde esta concepción. No es que desaparezcan otras, pero cobran especial relevancia las que siguen:

Control: La evaluación permite controlar la presencia en el sistema y la superación de sus dispositivos de garantía.

Selección: A través de la evaluación el sistema educativo va dejando fuera a quienes no superan las pruebas y va eligiendo a quienes son capaces de superarlas. De hecho, no existe una clara relación entre éxito académico y éxito laboral o social.

Comprobación: La evaluación permite saber si se han conseguido los objetivos propuestos, según una escala de valoraciones. Como la evaluación se realiza siguiendo los objetivos propuestos, la superación de las pruebas sirve de garantía social.

Clasificación: Como la evaluación tiene un referente comparativo doble (con los mínimos y con los demás estudiantes), los resultados permiten clasificar a los estudiantes.

Acreditación: La superación de los controles de la evaluación conduce a la acreditación académica y social. Esa acreditación tiene también una escala. De hecho se utiliza en concursos y oposiciones. La media de las calificaciones es un indicador relevante.

Jerarquización: La evaluación encierra poder porque quien evalúa impone criterios, aplica pruebas y decide cuáles han de ser las pautas de corrección. Puede, incluso, negarse a compartirlas y a discutirlas con los alumnos y alumnas.

Etiología: Este modelo se instala en el sistema porque la sociedad desea contar con indicadores cuantificables del éxito o del fracaso. Los niveles siguientes del sistema educativo condicionan también la evaluación de los inferiores. De hecho, se van endureciendo las dimensiones cuantitativas a medida que se avanza en el sistema.

Otra causa de la implantación de este modelo es su mayor simplicidad. La cuantificación libera de preguntas profundas, ya que todo parece explicable.

A esto se añade que los profesores tienen una justificación más contundente cuando se producen reclamaciones y reivindicaciones si han aplicado fórmulas matemáticas para la corrección de pruebas objetivas.

Consecuencias

En otro lugar (Santos Guerra, 1996) he analizado las características culturales que genera una determinada forma de realizar la evaluación en las escuelas. He aquí algunas de ellas:

Cultura del individualismo: La hora de la verdad en la enseñanza es la hora de los exámenes y de los resultados. Cuando se desaprueba se ha perdido el curso independientemente de lo que se haya aprendido. Aunque se insista en la importancia del trabajo cooperativo, la evaluación tiene siempre un carácter rabiosamente individual.

Cultura de la competitividad: Los compañeros tienden a ser vistos como rivales, ya que se han convertido en competidores. El hecho de que no todos puedan conseguir becas, puestos de trabajo, distinciones, etc., hace que se establezca un clima de competitividad que no siempre respeta las reglas morales de juego.

Cultura de la cuantificación: Los informes finales son cuantitativos y se encierran en un número o en una palabra que responde a una escala nominal. Aunque se hable de evaluación cualitativa, lo cierto es que al final del proceso evaluador tiene que aparecer la calificación en términos de suspenso, aprobado, notable, sobresaliente.

Cultura de la simplificación: Este planteamiento cuantificador que se centra en los resultados, evita profundizar en los problemas profundos que subyacen a la práctica educativa. Problemas relativos a la igualdad de oportunidades, a las causas del fracaso, a la adaptación del sistema a las capacidades de cada alumno, etc.

La simplificación deja al margen los efectos secundarios, los beneficios difusos o tardíos, la interrogación sobre los objetivos propuestos y, sobre todo, aquellos logros que quedan más allá del escrutinio de los evaluadores, como he oído decir a Robert Stake.

Cultura de la inmediatez: El éxito o el fracaso inmediato se producen en cada evaluación sin que se planteen otras cuestiones más alejadas de los intereses del momento. Las familias procuran que sus hijos/as superen el peldaño de cada evaluación y los niños y niñas ponen el máximo empeño en salir adelante en las pruebas que deben afrontar.

El carácter no democrático de la evaluación (pocas veces se negocian los contenidos, los criterios, la aplicación de los mismos, etc.) hace que los alumnos tengan que acomodarse a las exigencias de cada profesor. De hecho, los alumnos se preguntan y acaban sabiendo cuáles son las peculiares demandas de cada profesor.

Puesto que todo el proceso está cargado de poder, los alumnos, lejos de poner en cuestión esos criterios, hacen lo posible por acomodarse a ellos a pesar de su manifiesta irracionalidad o injusticia.

Muchos profesores utilizan de un año para otro los mismos criterios de evaluación sin que la reflexión sobre la práctica, el contraste con los planteamientos de otros colegas o los hallazgos de la investigación educativa modifiquen un ápice sus modos de actuación.

Cuando se contrastan los comportamientos de los profesores en la evaluación de los alumnos, incluso en las mismas asignaturas, se comprueba la enorme disparidad de criterios que se utilizan.

LA EVALUACIÓN COMO COMPRENSIÓN: Dimensión crítica/ reflexiva

La evaluación, desde esta perspectiva, está entendida como un proceso y no como un momento final. La crítica atraviesa todas las dimensiones del proceso: la formulación de pretensiones, la fijación de criterios, el diseño y aplicación de instrumentos, la interpretación de los resultados, etc. Todo está sometido a las exigencias de la reflexión, a la interrogación permanente, al debate continuo.

Naturaleza: El planteamiento esencial desde esta perspectiva se refiere a la comprensión que genera el proceso de análisis. La evalua-ción no es un momento final del proceso en el que se comprueba cuáles han sido los resultados del trabajo. Es un permanente proceso reflexivo apoyado en evidencias de diverso tipo.

La diversidad de medios a través de los cuales se recogen datos de la realidad afecta no solo a los alumnos sino a todos los elementos del sistema y al contexto en el que se realiza la acción educativa.

El análisis recoge evidencias de la realidad y del mismo se derivan medidas que no solo afectan a los alumnos sino a todo el proceso de enseñanza y aprendizaje.

Funciones

Las funciones que se potencian desde esta forma de concebir la evaluación son las siguientes:

Diagnóstico: La evaluación entendida como un proceso de análisis permite conocer cuáles son las ideas de los alumnos, los errores en los que tropiezan, las principales dificultades con las que se encuentran, los logros más importantes que han alcanzado.

Diálogo: La evaluación puede y debe convertirse en una plataforma de debate sobre la enseñanza. En ese debate han de intervenir las familias, los alumnos y otros agentes preocupados por la educación.

Comprensión: La evaluación es un fenómeno que facilita la comprensión de lo que sucede en el proceso de enseñanza y aprendizaje. Esa es su principal característica, su esencial valor.

Retroalimentación: La evaluación ha de facilitar la reorientación del proceso de enseñanza y aprendizaje. No sólo en lo que se refiere al trabajo de los alumnos sino a la planificación de la enseñanza, a la modificación del contexto o a la manera de trabajar los profesionales.

Aprendizaje: La evaluación permite al profesor descubrir si es adecuada la metodología, si los contenidos son pertinentes, si el aprendizaje que se ha producido es significativo y relevante para los alumnos.

Etiología

El origen de esta dimensión está en la propia naturaleza de la escuela y de los procesos de aprendizaje y enseñanza que se desarrollan en ella. La coherencia del sistema exige que la reflexión se instale en la dinámica de actuación y en los procesos de evaluación.

La naturaleza misma de la escuela en su conjunto y de la tarea que realizan en ella los escolares exige que se plantee la evaluación, tanto de la institución como de los alumnos, como un proceso de diálogo, comprensión y mejora (Santos Guerra, 1993).

Consecuencias

La evaluación, así entendida, lejos de ser un trabajo añadido o una complicación, se convierte en un elemento generador de rasgos positivos en la cultura escolar y de cambios profundos y fundamentados.

La dinámica de la escuela provoca, a su vez, en una espiral benefactora, la mejora de los procesos de evaluación. Es decir que un modo determinado de concebir y de practicar la evaluación genera una cultura de caracterización positiva y ésta, a su vez, hace posible y fácil una evaluación enriquecedora.

Cultura de la autocrítica: La escuela establece unos cauces de reflexión que conducen a la comprensión de las situaciones, a su explicación. El análisis holístico, contextualizado y procesual tiene en cuenta todos los elementos que inciden en el proceso de enseñanza y aprendizaje y, por consiguiente, las estructuras, el funcionamiento y la actuación de los profesionales. La evaluación no es una simple medición sino un proceso reflexivo.

Cultura del debate: la evaluación, así entendida, se convierte en una plataforma de discusión y de diálogo sobre los planteamientos, las condiciones y los resultados del sistema. En ese diálogo intervienen no sólo los agentes de la actividad docente/discente sino las familias y la sociedad en general, ya que la educación no es fenómeno que les resulte ajeno o intrascendente.

Cultura de la incertidumbre: Este tipo de enfoque de la evaluación genera (y a la vez procede) de una actitud incierta ante la experiencia profesional. Desde las "verdades indiscutibles" es imposible plantear cuestiones críticas y reflexivas que permitan la comprensión profunda y el cambio de las situaciones, de las actitudes y de las concepciones.

Cultura de la flexibilidad: Cuando las rutinas institucionales y la rigidez organizativa se arraigan en la dinámica escolar existen pocas posibilidades de introducir interrogantes que inquieten y modificaciones que afecten a lo sustantivo. Los cambios se reducirán a pequeñas variantes de forma que, muchas veces, no hacen más que mantener, solapar o incrementar los problemas de fondo.

Cultura de la colegialidad: El debate exige actitudes y dinámicas colegiadas, ya que no es posible intercambiar opiniones y experiencias desde el individualismo actitudinal e institucional. El paradigma de colegialidad exige no sólo actitudes de apertura y de cooperación sino tiempos y espacios que posibiliten la práctica colaborativa.

El camino de la mejora: El cambio de paradigma

La evaluación condiciona, como hemos visto, todo el proceso de enseñanza y aprendizaje. Incluso el modelo de escuela. Por eso es necesario que mejore la forma de entenderla y practicarla. Ahora bien, la mejora no viene de un perfeccionamiento matemático de los instrumentos de medida sino de la transformación de su valor y de su uso.

> "Es preciso recuperar un cierto sentido naturalista de la evaluación como método de conocimiento. No podemos olvidar un hecho simple, pero decisivo: sólo las informaciones obtenidas por los profesores (la mayoría de ellas por vía de la evaluación informal), de acuerdo con sus esquemas de apreciación y en el transcurso de la acción, son las que, seguramente, ellos utilizan con más acierto como información orientadora del curso que siguen los acontecimientos de clase, acomodación del proceso didáctico, elaboración de juicios sobre los alumnos, etc." (Gimeno Sacristán, 1992).

Lo mismo ha de decirse de la evaluación de los Centros. Para que la información recogida en la evaluación resulte eficaz para el cambio, necesita ser asimilada por los profesores que son quienes pueden utilizarla para cambiar el quehacer cotidiano.

Es difícil que la evaluación educativa se transforme de manera súbita y automática o por efecto de leyes que imponen al profesorado cambios, ya que éstos no afectarán su dimensión profunda.

Los enunciados legales conducentes a un pretendido cambio se estrellan a veces con las cortapisas de la práctica que dificulta o contradice esos presupuestos. Pretender imponer la evaluación cualitativa sin que se modifiquen las condiciones temporales es una mera declaración de intenciones que lleva consigo una reacción negativa de los profesionales que se ven obligados a realizar algo que no pueden hacer.

No es fácil que el cambio se produzca sin que se muevan algunos presupuestos y exigencias sociales basados en la competitividad, en la búsqueda de la eficacia, en el individualismo y el pragmatismo más groseros. Las escuelas son buenas si consiguen sus alumnos buenos resultados. Si el hijo obtiene buenos resultados de forma rápida y cómoda, la escuela es magnífica. Si se retrasa o si no consigue aprobar, la escuela es deplorable. Los profesionales, muchas veces, sometidos a presiones externas (sociales, jerárquicas, institucionales), asumen los postulados del eficientismo.

La Administración educativa ha de asumir la responsabilidad de dictar unas normas coherentes con los postulados teóricos que enuncia.

Exigir evaluación cualitativa, por ejemplo, y mantener una gama de resultados cuantificable es difícilmente compatible.

Las instituciones educativas, como contextos profesionales donde los docentes desarrollan su labor, han de asumir una filosofía en la que se haga posible un trabajo intenso y profundo alejado de obsesiones eficientistas (Santos Guerra, 1996).

El cambio profundo en los modos de realizar la evaluación procede de la reflexión rigurosa de los profesionales y afecta a tres esferas fundamentales:

a. Las concepciones educativas: Lo más importante para que se modifiquen en lo esencial las prácticas educativas en que se transformen las concepciones sobre lo que significa la escuela, sobre lo que es la tarea educativa y, por ende, lo que es la evaluación.

b. Las actitudes personales: Como la evaluación es un fenómeno comunicativo, es necesario afrontarlo desde actitudes abiertas y dialogantes. El diálogo ha de establecerse entre los administradores de la educación, los profesionales, los padres y los alumnos.

c. Las prácticas profesionales: No sólo hay modificar las concepciones y las actitudes. El cambio (es preferible hablar de mejora) ha de afectar a las prácticas, al quehacer cotidiano. Cuando sólo se transforman los discursos, no sólo se reproducen las rutinas sino que se genera una reacción descalificadora de la hipocresía institucional.

Todo ello requiere una modificación del contexto y de las condiciones en las que la evaluación se realiza. Es imposible transformar la esencia de las prácticas evaluadoras sin que se ponga en tela de juicio un modo de entender la escuela y la evaluación basado en la competitividad y la eficacia.

La evaluación de carácter crítico exige una mayor participación de todos los elementos que intervienen en el proceso de evaluación (Adelman, 1987).

Si los padres no modifican sus concepciones de la evaluación educativa, si no entienden que lo principal es aprender, si están obsesionados por los resultados sin plantear qué es lo que esconden o silencian, será difícil pasar de un modelo de evaluación tecnológico a otro de carácter crítico y reflexivo.

No es posible la transformación profunda sin que el profesorado reflexione de forma rigurosa y compartida sobre la naturaleza de su práctica profesional. Ahora bien, los profesionales tienen unas presiones importantes que condicionan sus actividades: la evaluación está circunscrita a las prescripciones que emanan de la Administración. Además, la inspección vela para sean cumplidas las prescripciones e, incluso, tienen la capacidad de imponer sanciones y expedientes. Existe otro tipo de presión que es la demanda de los padres, la expectativa de resultados y la exigencia del cumplimiento de las normas cuando estas favorecen sus pretensiones.

Para que la evaluación escolar avance desde posiciones tecnológicas hacia posiciones críticas tiene que centrarse en las tres funciones que considero más relevantes (Santos Guerra, 1993):

Diálogo: La evaluación tiene que convertirse en una plataforma de debate entre los diversos agentes de la educación: políticos y profesionales, familias, alumnos y profesores, comunidad escolar y sociedad en general.

Comprensión: La reflexión sobre la evaluación conduce a la compresión de su sentido profundo, de sus repercusiones psicológicas y sociales, de su naturaleza y efectos.

Mejora: El cambio se promueve desde la preparación, el compromiso y la reflexión conjunta de los profesionales. La investigación sobre la práctica evaluadora genera la mejora de la racionalidad, de la justicia y de las situaciones en las que se desarrolla la evaluación de los alumnos y de las instituciones educativas.

Es preciso someter la evaluación a la permanente reflexión de los profesionales y de los teóricos. "Diseñar una investigación evaluativa es un arte", dice Cronbach (1987). Es también una ciencia. Pero, sobre todo, es un reto social y un compromiso ético. Empeñarse en que las cosas cambien exige que se centre la mirada en las aulas y los centros, pero también un poco más allá y más arriba: en la política que mueve los hilos de la evaluación. Con la mirada en el horizonte de una sociedad mejor.

La evaluación de los alumnos, un proceso de aprendizaje para los profesores

Preliminares

a. En la escuela se evalúa mucho y se cambia poco. Algo falla. Porque si, como dice Stenhouse (1984), evaluar es comprender y, obviamente, la comprensión conduce al cambio, habrá que concluir que la evaluación no produce precisamente comprensión del proceso sino sólo medición de resultados. De la evaluación no se deriva solamente el etiquetado del alumno como fracasado o triunfador. De la evaluación se pueden extraer muchas consecuencias para el conocimiento, el debate y la mejora de la realidad.

b. Es muy importante conocer cuáles son las funciones que cumple la evaluación en el proceso de enseñanza y aprendizaje. Más importante que hacer evaluación e, incluso, que hacerla bien, es saber al servicio de quién y de qué valores se pone. Por eso es muy importante saber qué funciones desempeña en la práctica.

A continuación aparece una relación de funciones de la evaluación. Imaginemos que tenemos que colocar esas funciones según la importancia que **realmente** se les da en la práctica cotidiana (columna) y, en la columna 2, según la importancia que debería dárseles idealmente. ¿Habrá diferencia entre lo que debería ser la evaluación y lo que realmente es? ¿Por qué? No olvidemos que las funciones no son excluyentes o incompatibles. Por eso proponemos la elaboración de un orden de todas las que se presentan.

FUNCIONES	ORDEN 1	ORDEN 2
SELECCION		
COMPROBACION		
DIALOGO		
DIAGNOSTICO		
APRENDIZAJE		
REORIENTACION		
DISCRIMINACION		
JERARQUIZACION		
MEJORA		
CONTROL		
COMPARACION		
MEDICION		
CLASIFICACION		

Una vez terminada las clasificaciones sería interesante analizar las causas (sociales, pedagógicas, psicológicas, económicas, ideológicas, históricas...) que conducen a la discrepancia. ¿Por qué se perpetúa un estado de cosas que niega la racionalidad y la justicia como características propias de un sistema que se llama educativo?

c. En un aula pueden realizarse diversos tipos de tareas, unas más ricas desde el punto de vista intelectual, y otras más pobres. Aunque todas tienen interés e importancia, es lógico que se conceda prioridad a las de mayor potencialidad cognitiva. Ordenemos la lista de tareas por orden de importancia intelectual (casilla 1).

Al lado, podemos ordenar las tareas según la frecuencia con la que aparecen en las pruebas de evaluación que se realizan habitualmente para evaluar a los alumnos (casilla 2).

TAREAS	ORDEN 1	ORDEN 2
MEMORISTICAS		
ALGORITMICAS		
COMPRENSIVAS		
ANALITICAS		
CRITICAS		
COMPARATIVAS		
DE OPINION		
CREATIVAS		

Una vez realizadas las tres clasificaciones, se puede analizar cómo condiciona la evaluación el proceso de enseñanza y aprendizaje y qué repercusión tiene el modo de hacer la evaluación en el orden deseable de las tareas.

d. El carácter individualista que tiene la evaluación de los alumnos (cada uno rinde cuentas, cada profesor exige cuentas) dificulta la reflexión compartida sobre estos procesos. Las sesiones de evaluación se centran más en lo que hace o deja de hacer cada alumno que en lo que sucede en el currículum como experiencia colegiada. Los padres se preocupan más por lo que le sucede a su hijo que por lo que pasa con el grupo de alumnos, con el Centro en el que estudian o, en general, con el sistema.

e. No se ha reparado suficientemente en los efectos secundarios del proceso de evaluación de los alumnos. Sólo preocupa qué es lo que hay que evaluar y cómo hay que evaluarlo. No preocupa tanto el sentido de la evaluación y los efectos que produce. Sobre todo aquellos efectos que, por su carácter subrepticio, constante y omnipresente, generan unas consecuencias difíciles de ponderar.

f. El título del artículo pone de manifiesto mi intención de convertir la evaluación en un proceso de aprendizaje del profesor. A través de la evaluación comprenderá si el aprendizaje se ha producido o no y por qué, pero también cómo se establecen los vínculos entre los alumnos y los de estos con los profesores, cómo se utilizan los resultados de la evaluación para entender y mejorar la práctica y cómo, institucionalmente, hay que revisar lo que se hace con amplitud de miras, levantando los ojos de la inmediatez de lo que se hace.

g. La participación de los alumnos en el análisis del proceso es imprescindible. Es necesario que estén presentes para opinar sobre todos los aspectos de ese complejo proceso. Para opinar sobre:
- Su naturaleza moral: ¿Se sienten justamente tratados?
- Su componente psicológico: ¿Se sienten sojuzgados por un proceso de poder que radica en la capacidad de aprobar y desaprobar?
- Sobre la comunicación interpersonal: ¿Sienten la evaluación como un diálogo o como una opresión?
- Sobre los criterios: ¿Participan en la elaboración de criterios, en la discusión de su aplicación?
- Sobre la comparación: ¿Sienten que se realizan discriminaciones en razón de la clase, de la raza o del sexo?
- Sobre las consecuencias: ¿Comprueban que la evaluación sirve para que el profesor modifique sus métodos, sus criterios, sus actitudes?

Resulta increíble que los protagonistas del proceso sólo sean pacientes de la evaluación y no agentes de pensamiento. Cuando los profesores desean mejorar la evaluación se separan de los alumnos, se reúnen con otros profesionales o se aíslan en la soledad del estudio y de la lectura. ¿Por qué no dialogan y discuten con los alumnos para disponer de la perspectiva esencial del proceso? Cuando escuchamos lo que dicen los alumnos acerca de la evaluación de la que son objeto, nos quedamos estremecidos. Tengan o no razón, sean objetivos o parciales, lo cierto es que lo que sienten y piensan resultaría de una gran ayuda si queremos comprender lo que pasa.

h. El diálogo profesional es también de inestimable ayuda en la mejora de la evaluación. Iniciativas que sometan las prácticas profesionales individuales y colectivas a revisión son fundamentales para mejorar.
- ¿Por qué no se hace objeto de análisis en un Centro la forma de evaluar a los alumnos?

- ¿Por qué no se graba una sesión de evaluación para analizarla luego con otros profesionales, con los padres, con los propios alumnos o con especialistas en evaluación?
- ¿Por qué no someten unos profesores a otros su forma de evaluar con el fin de recibir opiniones exigentes y fundamentadas, libres de los intereses en juego y de los *aprioris* que se tratan de defender?
- ¿Por qué no se intercambian experiencias y estudios arraigados en la práctica?
- ¿Por qué no se publican más investigaciones y experiencias con el fin de provocar el debate y avivar el análisis?
- ¿Por qué no se revisa el hecho de que los profesores evalúen de un año para otro de una forma tan parecida que los alumnos saben a qué atenerse antes de comenzar el curso?
- ¿Por qué no se someten al rigor del análisis muchos de los estereotipos que presiden la evaluación?: "al principio hay que ser más exigentes para aflojar al final", "si no les exiges, no hacen nada", "lo único que quieren los alumnos es sacar buenas notas con el menor esfuerzo", "con un profesor exigente los alumnos aprenden más", "si se autoevalúan, todos se aprueban"...
- ¿Por qué no se abre un debate en el Centro sobre los motivos por los que unos profesores tienen todos los años unos resultados próximos al 100% de suspensos y otros, en los cursos gemelos de la misma asignatura, rayanos al 100% de aprobados?
- ¿Por qué no se analiza qué papel desempeñan las *asignaturas coladero* frente a aquellas que se tachan de *asignaturas hueso* y sobre los efectos que este hecho tiene en los profesores que las imparten?

Un estudio interesante de esta naturaleza es el realizado por Maxine Wood (1986) en el que se cuenta cómo se han analizado las anotaciones de los profesores en los ejercicios de los alumnos.

Todos tenemos una larga experiencia evaluadora, primero como estudiantes y luego como profesores. ¿Por qué hay tan pocos análisis sobre las experiencias realizadas?

1. Sólo el alumno es evaluado en el sistema

El hecho de que sea el alumno el único evaluado del sistema educativo tiene mucho que ver con la jerarquización (el alumno es la última pieza del escalafón académico), con la irracionalidad (hay muchos factores que inciden en el proceso y el resultado obtenido) y con la injusticia (toda la responsabilidad se le atribuye aunque no sea completamente suya).

Muchas veces se plantea la formación de los profesores para conseguir mejorar la evaluación que realizan de los alumnos. Para ello se organizan cursos, se pronuncian conferencias, se editan libros, se hacen investigaciones... ¿De verdad se quiere mejorar? ¿Podría un equipo de evaluación filmar una sesión y analizarla después intentando descubrir qué teorías subyacen a ella, qué actitudes inspiran la práctica, qué comportamientos son los habituales? La pregunta podría formularse de otro modo: ¿Qué deciden cambiar los profesores de su práctica a la luz de la evaluación de los alumnos? ¿Qué exigen que cambien los alumnos?

La evaluación de los alumnos es una cuestión problemática desde varias perspectivas:

a. La finalidad: ¿A quién beneficia que se evalúe? He dicho en otros lugares que más importante que evaluar e, incluso, que evaluar bien, es saber al servicio de quién y de qué valores se pone la evaluación.

b. El rigor: ¿Qué es lo que realmente se hace con la evaluación? ¿A qué se le quiere atribuir valor? ¿Cómo se consigue el rigor? Se trata, además, de un rigor que tiene ribetes comparativos. ¿Quién no ha oído decir que va a subir dos puntos a todos los alumnos porque las puntuaciones están muy bajas? ¿Quién no hace comparaciones entre los resultados de unos alumnos y otros?

c. La explicación: ¿Por qué se han dado esos resultados y no otros? Los procesos atributivos están en la base del cambio. Si se piensa que se han fundido los plomos en lugar de comprobar que las bombillas están estropeadas, se pretenderá solucionar un problema de luz de una forma absolutamente inútil.

d. Las consecuencias: ¿Qué va a suceder como efecto de los resultados de la evaluación? ¿Ha renunciado a la paga un profesor cuyos alumnos han desaprobado masivamente? ¿Se ha decidido transformar por completo una práctica que ha resultado estéril?

Limitar la evaluación a las mediciones de los resultados es una simplificación abusiva, no tanto por la dificultad de esas comprobaciones sino por la ausencia de planteamientos más profundos.

2. Una cadena de interrogantes

Medir los conocimientos adquiridos es la dimensión más simple de la evaluación de los alumnos. Sin embargo, ese proceso está sembrado de interrogantes con difícil solución.

Lo que se ha seleccionado como conocimiento relevante y significativo, ¿lo es realmente para los alumnos?, ¿lo sería para otros políticos, teóricos y profesionales de enseñanza?

Lo que el profesor explica, ¿es lo realmente nuclear y significativo de esos conocimientos estructurados y seleccionados como indispensables o mínimos?

Lo que pregunta el profesor en el examen, ¿es, sin lugar a dudas, lo más representativo de lo que se ha explicado, de lo que debería saberse?

Lo que pregunta el profesor, ¿es captado en su verdadero significado por el alumno que tiene que responder desde su peculiar cultura?

Lo que contesta el alumno, ¿es realmente lo que sabe de las cuestiones que se demandan?, ¿expresa todo lo que sabe con claridad, orden y precisión?

Lo que entiende el profesor de lo que el alumno ha escrito, ¿es realmente lo que ha dicho, lo que ha querido expresar con sus palabras?

Lo que ha captado el profesor, ¿merece esa calificación en relación a lo que el alumno sabe, a lo que se ha esforzado, a lo que debe saber, a lo que saben los otros?

3. Procesos atributivos adulterados

Cuando se comprueba el fracaso en la evaluación, en general, los profesores tienden a realizar procesos atributivos exculpatorios, explicaciones casi siempre gratuitas e interesadas:

a. Los alumnos son vagos: Si han fracasado es porque no han estudiado lo suficiente. Prueba de ello es que quienes se han esforzado han conseguido buenos resultados.

b. Los alumnos son torpes: El fracaso se explica por la escasa capacidad de los estudiantes. Su inteligencia es insuficiente para realizar los estudios que deben cursar.

c. Los alumnos vienen mal preparados: Si los alumnos tuviesen el nivel suficiente no fracasarían. La causa de la mala preparación es la tarea que se ha realizado en los niveles o cursos inferiores.

d. Los alumnos tienen un mal ambiente: Los alumnos pasan muchas horas en la calle, en ambientes poco recomendables, sometidos a influencias y a estímulos atrayentes que les alejan de la tarea ardua del estudio.

e. Los alumnos ven mucha televisión: Las distracciones (entre ellas las muchas horas que dedican a ver programas de TV) alejan a los estudiantes del trabajo, están en la raíz de su bajo rendimiento.

f. Los alumnos no tienen ayuda familiar: Si tuviesen en sus casas un clima de trabajo, medios y ayudas suficientes, no se produciría el fracaso.

No es que estas causas no estén presentes, en alguna medida, en el fracaso de los estudiantes. Lo peligroso es atribuir a ellas toda la explicación de por qué no consiguen buenos resultados en la evaluación. Es peligroso, en primer lugar, por la falta de rigor que supone. En se-gundo lugar porque, de no tener en cuenta otros factores, será difícil mejorar la enseñanza, ya que todo depende de otras personas y situaciones.

4. El análisis de la práctica

He observado varias sesiones de evaluación en un Instituto de Enseñanza Secundaria. Sería un magnífico ejercicio de aprendizaje grabar esas sesiones y analizarlas luego con los alumnos, con otros profesionales, con especialistas en evaluación, con padres y madres, etc.

Voy a recoger algunas de las actitudes y concepciones que se revelan a través de las intervenciones de los profesores en estas sesiones correspondientes al curso 1994/1995.

Los alumnos no trabajan

"No hace nada", "Tiene "pinta de vago", "Está en otro mundo", "No trabaja", "Es vaga. No hace nada", "No tiene interés. No trabaja, "No da golpe", "Pasa olímpicamente".

Los alumnos son torpes

"Tiene que ser torpecillo porque el resto del grupo le tiene por tonto", "¡Tiene un cacao mental...!", "Es muy corto. No sé cómo ha llegado hasta aquí", "La consideran tontita", "Es muy flojilla", "Es muy trabajadora, pero no llega", "No tiene nivel intelectual", "Esta chica no tiene materia gris. No vale para estudiar".

Los alumnos vienen mal preparados

"Tiene poca base", "Está muy mal. Viene de Reforma", "Ha repetido en la Laboral".

Los alumnos tienen problemas

"Parece que tiene problemas en la vista", "Está muy liado con la novia", "Está fatal. Es un enigma", "Se ríen de él", "Sus padres se están separando", "Le perjudican los amigos", "Le da vergüenza salir a la pizarra", "El padre está en paro y la madre enferma", "Necesita ayuda psicológica".

Los alumnos se portan mal

"Charla mucho y es muy descarado", "Falta mucho a algunas asignaturas", "Es el descaro en persona", "Pertenece a un grupo insoportable".

Los alumnos no saben estudiar

"No debe de saber estudiar", "Les faltan técnicas de estudio", "No se concentra en nada".

Los alumnos no hacen los deberes

"Según la hermana, hace poco en casa", "En casa no le exigen que estudie", "Tiene mal ambiente en su casa".

Los alumnos forman un grupo malo

"La dinámica del grupo es muy mala", "No atienden ni a la fuerza", "Está acomplejada en ese grupo", "No es mala, pero está influenciada", "Preguntan demasiado y te desconcentran".

Los alumnos no están motivados

"Tienen mucha apatía, mucho desinterés", "No sé en lo que estarán pensando", "Hablan por un tubo", "Pasan de todo".

Los profesores manifiestan concepciones sobre la evaluación, no sólo sobre el fracaso.

a. Los profesores tienen el derecho y el deber de evaluar según consideren oportuno

"Los profesores tienen derecho a evaluar lo que deseen", "Los alumnos no están capacitados para valorar a nadie".

b. Los profesores no explicitan las formas de evaluar que han realizado

"En esta evaluación han sacado perores notas que en la anterior", "Este grupo ha mejorado respecto a las evaluaciones anteriores".

c. Los profesores consideran que los alumnos no son capaces de evaluar al profesor ni a la enseñanza

"¿Cómo van a evaluar los contenidos si no los saben?", "Los alumnos no pueden ni deben evaluar a los profesores".

d. Los profesores no afrontan las consecuencias de las argumentaciones lógicas

"Conmigo son unos delincuentes" (aunque se porten bien con todo el resto del equipo), "La verdad es que son muy torpes" (aunque obtengan buenas calificaciones con todos los demás".

e. Los profesores no toman medidas que afecten a su práctica profesional, sino a la de los padres o a las de otros profesionales

"Hay que llamar a los padres", "Necesita que intervenga el Departamento de Orientación", "Vienen mal preparados".

5. La concepción del profesor y el cambio de la evaluación

Lo más importante de la reflexión sobre la evaluación es que conduzca a la transformación de las prácticas, a su mejora. Por eso, deseo hacer algunas reflexiones sobre la forma en que cambian los modos de realizar la evaluación de los alumnos.

Para ello deseo partir de la concepción del profesor ya que según sea esta se derivarán los modelos del perfeccionamiento y las estrategias del cambio.

El modelo de racionalidad técnica

Existe un modo de concebir al profesional de la enseñanza como un técnico que ejecuta las prescripciones, que lleva a la práctica las teorías o que aplica las instrucciones que le imponen los teóricos y los políticos.

Este hecho parte de la consideración de que existe una clara división de funciones: por una parte están los que investigan, los que piensan, los que deciden. Es tarea suya diagnosticar la realidad, comprender qué es lo que sucede en ella y tomar las decisiones pertinentes.

Lo que tiene que hacer el profesor es poner en funcionamiento las conclusiones a las que aquellos han llegado. Serán mejores profesionales en cuanto ejecuten con mayor precisión, con mayor fidelidad lo que aquellos han concebido.

El perfeccionamiento y el cambio se producirá, desde esta perspectiva, a través de:

a. Prescripciones legales: Mediante la legislación se trata de plantear al profesorado los modos de acción más eficaces, uniformes y positivos. Este es un medio supuestamente fácil y cómodo, pero de muy dudosos resultados. En primer lugar porque la legislación no modifica las actitudes y porque, si surtiera efectos para transformar la práctica, habría que esperar una ley que cambie los modos de hacer la evaluación.

b. Prescripciones técnicas: Los libros de texto, las ejemplificaciones que se convierten en modelos que se copian miméticamente, las propuestas que se transforman en disposiciones, etc. modifican la práctica superficialmente, no en profundidad.

c. Explicaciones teóricas: Organizar cursos y conferencias en los que se explica al profesorado cómo ha de concebirse la evaluación, cómo ha de realizarse el informe a los padres, cómo han de evaluarse las actitudes, etc. no es un modo efectivo de llegar al corazón del cambio.

d. Recetas didácticas: Ofrecer respuestas concretas a las interrogantes que los profesores se plantean es hurtarles la capacidad de reflexión, la decisión y, por consiguiente, la responsabilidad.

Estos modos de propiciar el cambio resultan rápidos, baratos y generalizados, pero poco eficaces. Son cauces desprofesionalizadores porque parten de los siguientes presupuestos:

- Como los profesores (que tienen escasa preparación y están muy absorbidos por la inmediatez de la práctica) no son capaces de descubrir cuáles son los problemas que presenta la evaluación, hemos de pensar por ellos y decirles qué es lo que deben cambiar.
- Como los profesores no van a tener la voluntad de aplicar aquellas evidencias que se derivan de la investigación, de la reflexión y de la explicación de las deficiencias, es preciso obligarles a hacerlo.
- Como los profesores no van a tomar las decisiones de forma compartida para mejorar su práctica, debemos generalizar y homogeneizar las disposiciones para que todos lo hagan de la misma forma.

Como puede observarse, este proceso de cambio tiene más inconvenientes que ventajas. Desprofesionaliza a los profesores, ya que les supone poco competente, poco esforzados o poco participativos, no consigue modificar la esfera de las actitudes y deja al legislador tranquilo y satisfecho ya que parece que ha puesto todo lo que estaba de su parte para modificar la situación. No depende de él lo que el profesor haga en la escuela.

Los agentes intermedios de cambio (como pueden ser los asesores, los inspectores, los especialistas) desempeñan, dentro de este modelo, un papel de doble tipo: De vigilancia y exigencia para que exista un fiel cumplimiento de la norma y de aclaradores de dudas y explicitadores de las prescripciones. Ambas funciones merman su capacidad de transformación.

El modelo de racionalidad práctica

En este modelo se concibe al profesional como una persona capaz de diagnosticar la realidad, de comprender lo que sucede y de tomar decisiones de cambio eficaces y acordes con el conocimiento extraído del análisis.

La piedra angular de la práctica y del cambio es el profesor, no el legislador, no el teórico, no el asesor. Todos ellos cumplen, respecto al agente que trabaja en la escuela, funciones de carácter secundario y facilitador.

El profesional es un investigador capaz de comprender cuál es la naturaleza de la práctica (en este caso, de la evaluación), qué problemas la afectan y cuáles son los modos de superarlos.

El legislador genera y propicia condiciones adecuadas para que la práctica mejore, para que el profesional trabaje en ella motivado. El asesor pone a disposición del profesor materiales y conocimientos, el teórico ayuda a realizar con más profundidad la reflexión.

Este modelo de cambio es más lento, más profundo, más heterogéneo y, lamentablemente, más caro, aunque más eficaz. Profesionaliza al docente ya que pone en sus manos la confianza y la capacidad de transformar la práctica. Los gobernantes gestionan la educación más desde la confianza que desde el control.

Desde este modelo, la práctica se transforma a través de:

a. La incertidumbre de los profesionales que ponen en tela de juicio sus prácticas rompiendo las rutinas, el dogmatismo y el individualismo tradicional.

b. La investigación que realizan los profesores sobre la forma de entender y de practicar la evaluación. Cuando se habla de evaluación se hace referencia a grandes muestras, profesionales de la metodología, especialistas en las publicaciones... Cuando un profesor se formula una pregunta sobre la evaluación y trata de responder a ella de forma rigurosa, está investigando.

c. El perfeccionamiento que se deriva de la comprensión que generan los procesos de interrogación y de descubrimiento. El verdadero perfeccionamiento no procede de la escucha y de la teoría que otros cuentan o explican a los supuestamente ignorantes profesionales que trabajan con los alumnos.

d. Las decisiones que ponen en marcha los profesionales una vez conocida la verdadera dimensión de la práctica. Son esas decisiones las que modifican cualitativamente lo que se hace y el sentido que se le da a la práctica.

Este modelo, más eficaz para la escuela y de menos relumbrón político para el gobernante, requiere unas condiciones que hagan posible esta dinámica. Condiciones que tiene que ver con la motivación de los profesionales, con la disponibilidad de tiempos, con la racionalización de las prácticas, con el reconocimiento de los esfuerzos, con la facilitación de los medios, etc.

6. Los triángulos del cambio: estrategias, contenidos y requisitos

Voy a presentar tres triángulos concatenados para expresar la dinámica que considero pertinente para mejorar la evaluación de los alumnos. La metáfora del triángulo adquiere sentido porque son imprescindibles los tres vértices para que se forme la figura geométrica. No basta uno solo o dos de los componentes.

Las estrategias del cambio

El primer triángulo, que encierra la concepción de la estrategia, está formado por los tres vértices siguientes: **Investigación** de los profesionales, **perfeccionamiento** de los mismos en su práctica a través de la investigación e **innovación** educativa en la evaluación, como resultante del perfeccionamiento.

Los contenidos del cambio

El segundo triángulo tiene que ver con los contenidos del cambio. ¿Qué es lo que necesita mejorarse? En primer lugar hay que cambiar las **concepciones** sobre la evaluación, porque de ello depende todo lo demás. En segundo lugar, las **actitudes** de los profesores hacia ese proceso que los relaciona con los alumnos y, a través de ellos, con la sociedad. En tercer lugar, las **prácticas** sobre la evaluación, la forma de hacerla y de compartirla con otros profesionales.

Los requisitos del cambio

Para que sea posible cambiar esos contenidos a través de la estrategia que propongo hacen falta unos requisitos imprescindibles. Sin ellos, todo el esquema resulta inviable. En primer lugar, hace falta **voluntad** por parte de los profesores para mejorar la práctica. Si los profesores no están interesados, si les da igual lo que suceda con la evaluación, si solo quieren conseguir un buen sueldo con el mejor esfuerzo, ¿por qué van a esforzarse?, ¿por qué van a interrogarse si lo pueden hacer mejor?, ¿por qué van a cambiar? En segundo lugar, hace falta tener una **formación**, saber qué es lo que se traen entre manos. Evaluar no es una tarea inespecífica, fácil, mecánica. Es un proceso complejo y difícil. En tercer lugar, hace falta tener unas **condiciones** laborales que hagan posible realizar la investigación, compartir con otros profesionales la discusión y tener un número de alumnos con el que sea posible trabajar con calidad.

7. La dimensión ética de la evaluación

La evaluación pone sobre el tapete todas nuestras concepciones sobre la escuela, sobre los alumnos, sobre la profesión, sobre la tarea. No es difícil defender este apotegma: Dime cómo evalúas y te diré qué tipo de profesional eres.

Sobre la sociedad: Si se entiende la sociedad como un lugar en el que los que puedan llegar a lo más alto lleguen a cualquier precio y por cualquier medio frente a los que han de quedarse abajo, la evaluación será un sistema de selección, de criba y de discriminación. Si, por el contrario, la sociedad es la cultura de la solidaridad y de la igualdad, la evaluación que se practica en la escuela tratará de ayudar a quienes no tienen medios convirtiéndose en un sistema nivelador y no alimentador de las desigualdades.

Sobre la escuela: Si se considera la escuela como un lugar donde se llenan las cabezas de conocimientos, entenderemos que la evaluación es un proceso para comprobar si los alumnos los han adquirido. Si, por el contrario, se concibe la escuela como una institución destinada a despertar y a cultivar el amor a la sabiduría, la pasión por el conocimiento, el espíritu crítico ante la socialización, la recreación de la cultura, la evaluación no será otra cosa que una reflexión concienzuda sobre estos procesos de desarrollo intelectual y humano.

Sobre los alumnos: Si se considera a los alumnos magnetofones que tienen que grabar primero y repetir mecánicamente después unos conocimientos hegemónicos que se les han transmitido, será fácil concebir la evaluación como un proceso de comprobación y de mediciones. Si, por el contrario, se concibe a los alumnos como personas interesadas por el conocimiento, que conviven en una comunidad de aprendizaje con los demás compañeros y con los profesores, la evaluación será un proceso de reflexión compartida.

Sobre el aprendizaje: Si se piensa que aprender significa repetir algo que se ha oído a través de las explicaciones de otros, la evaluación será un modo de saber si esos aprendizajes están memorizados en un momento dado. Si, por el contrario, se concibe el aprendizaje como la capacidad de hacer preguntas, de indagar, de explorar conjuntamente, de analizar y de criticar, de dar opinión y de crear y descubrir ideas, la evaluación será un proceso de diagnóstico, estimulación y comunicación.

Sobre el profesor: Si se concibe al profesor como un transmisor de conocimiento, la evaluación consistirá en constatar que el alumno los ha asimilado adecuadamente. Si. por el contrario, se entiende que el profesor está encargado de provocar el conocimiento, de invitar a la incertidumbre, de instar a la investigación, la evaluación será un modo de descubrir si el profesional está desempeñando esos papeles y de aprender a mejorar.

La evaluación, más que una actividad técnica, es un proceso ético. La evaluación perjudica a unos y beneficia a otros. Cuando se presenta como un modo de hacer justicia y de tratar a todos por igual desde unas exigencias uniformes, no se tiene en cuenta que unos parten de situaciones empobrecidas y otros, de condiciones privilegiadas.

a. La situación de partida de quienes no poseen en su familia ayuda alguna sino estorbo y obstaculización, sea por las actitudes de los padres, sea por los medios espaciales y didácticos disponibles, hace que tengan escasas posibilidades de éxito. Bernstein (1990) pone de manifiesto que el ritmo de la escolaridad es tan intenso que hace falta disponer de un segundo ambiente de trabajo favorable en la casa. Los desfavorecidos no lo tienen. Si la evaluación, realizada con aparente igualitarismo, trata a todos por igual, perjudica a los que la sociedad ha perjudicado ya de partida.

b. El lenguaje de la escuela está marcado por la cultura hegemónica. Los que no dominan el lenguaje normativo (lo cual no quiere decir que no sepan expresarse a la perfección con los de su clase) están en inferioridad de condiciones de obtener los mismos resultados con igual o mayor esfuerzo. Pienso en los gitanos que disponen de un lenguaje propio que no es el que utiliza la escuela. ¿Qué sucedería si se examinase a los maestros en el lenguaje caló?

c. Hay Centros que practican una sutil selección previa, eliminando a aquellos alumnos (sea al inicio, sea una vez incorporados) que están en condiciones desfavorables. Los resultados de quienes siguen en esos Centros, casi siempre privados, son después excelentes y se atribuyen a la eficaz tarea de la enseñanza. Han dejado dejan fuera a quienes más lo necesitan, en aras de una imagen que resulta nefasta para quienes la analizan a la luz de los valores y no bajo la óptica de un prestigio falso.

d. Los resultados de la evaluación son utilizados para seguir en el sistema, para elegir con mayor libertad, para acceder a opciones mejores, para conseguir trabajos de más prestigio y mejor remuneración. Debajo de todos estos procesos existen mecanismos que tienen que ver con la justicia, no sólo con la técnica de poner las calificaciones.

e. La evaluación tiene un componente psicológico que consiste en alimentar las expectativas, mejorar el autoconcepto, despertar la motivación. Todos estos mecanismos sutiles tienen que ver con la discriminación que se ejerce a través de la evaluación tanto en función de la clase, de la raza, como del sexo.

f. Si se pone en marcha por el Instituto Nacional de Calidad y Evaluación un proceso de *assessment* consistente en la medición de los resultados a través de pruebas iguales para todos los alumnos, con el fin de hacer luego una clasificación por Centros y de conceder recompensas a los mejor situados, se estará cometiendo un nuevo tipo de discriminación contra aquellos que tengan unas circunstancias de partida poco favorables o que estudien en Centros con escasos medios didácticos.

La comprensión de los procesos de evaluación de los alumnos, la potenciación de las funciones más ricas que entraña, la implantación de un debate público sobre la naturaleza democrática de la reflexión sistemática, la institucionalización de mecanismos correctores que eviten la discriminación e incluso que la conviertan en positiva, mejorará la calidad de la educación.

Dime cómo evalúas y te diré qué tipo de profesional (y de persona) eres

La evaluación es un fenómeno que permite poner sobre el tapete todas nuestras concepciones. Más que un proceso de naturaleza técnica y aséptica es una actividad penetrada de dimensiones psicológicas, políticas y morales. Por el modo de practicar la evaluación podríamos llegar a las concepciones que tiene el profesional que la practica sobre la sociedad, las instituciones de enseñanza, el aprendizaje y la comunicación interpersonal...

Antes de abordar el análisis de esa epifanía que propicia la eva-luación quiero plantear cuatro cuestiones preliminares referidas a este complejo fenómeno que condiciona los procesos de aprendizaje y penetra el tapiz de las relaciones que se establecen entre evaluadores, entre evaluados y entre los integrantes de los dos grupos.

Aclaremos, en primer lugar, que la evaluación que se realiza en las instituciones no tiene lugar en una campana de cristal, sino que está condicionada por diversos agentes que inciden sobre ella. Ninguno de los profesionales que trabaja en una institución haría el mismo tipo de evaluación en el caso de que fuese responsable de una actividad particular con un aprendiz al que estuviese tutorizando. El profesor de Universidad actúa en un contexto que condiciona su práctica de la evaluación. Tiene que evaluar a un número a veces desmesurado de alumnos, entregar calificaciones con unos terminales predeterminados (suspenso, aprobado, notable, sobresaliente, matrícula de honor), debe hacerlo en un momento preciso, en unas actas que le son entregadas por los servicios de Secretaría...

Clasificaré y comentaré brevemente a continuación algunos factores que condicionan la evaluación.

Prescripciones legales: la evaluación que se realiza en la Universidad (Santos Guerra, 1999) está condicionada por disposiciones legales que la inspiran y la regulan. Estas disposiciones están penetradas de una filosofía que da sentido a la forma de practicar la evaluación. Además, unifican los momentos, la nomenclatura y los contenidos de la evaluación. El profesional no puede hacer la evaluación de la manera que se le antoje, en el momento que quiera, con la nomenclatura que considere oportuna y sobre los aspectos que se le antojen.

Supervisiones institucionales: la forma de hacer la evaluación está supervisada por diversos agentes que velan por el fiel cumplimiento de la norma (Departamentos, Decanatos, Comisiones de Ordenación Académica…). Es cierto que cada profesional realiza la evaluación desde una perspectiva particular y con una actitud determinada, pero nadie le libra de seguir las pautas reguladoras. Puede tener un criterio contrario a la norma, pero se ve obligado a cumplirla.

Presiones sociales: la evaluación que realizan los profesionales en las instituciones está sometida a presiones de diverso tipo. Por una parte, al tener el conocimiento un valor de cambio (además del valor de uso, que lo convierte en interesante, práctico o motivador), la calificación que obtiene el evaluado se convierte en un salvoconducto cultural. La familia del alumno se interesa por los resultados de la evaluación obtenidos por sus hijos (frecuentemente, sólo por eso). Por otra parte, la comparación entre las calificaciones obtenidas hace que los evaluados se vean clasificados por los resultados del proceso. La sociedad no es ajena a los resultados de esa clasificación que compara y jerarquiza. Las calificaciones obtenidas y reflejadas en el expediente académico acompañan al estudiante durante toda su trayectoria profesional.

Al comenzar un curso les pedí a mis alumnos que respondieran por escrito a esta cuestión: ¿cómo me defraudaría mi profesor durante el curso? Yo les escribí también un texto sobre la interrogación recíproca: ¿cómo me defraudarían mis alumnos durante el curso? Cuando leímos nuestros textos respectivos yo les dije, entre otras muchas cosas, que me defraudarían si les viese tan interesados por la calificación que el aprendizaje fuese una cuestión marginal o anecdótica. Alguien me dijo que en todos los procesos de selección se tenía en cuenta el expediente académico. ¿Cómo no obsesionarse por las calificaciones? Tuvimos que hacer una comisión mixta (de alumnos y profesor) para respondernos a esta otra cuestión, en absoluto baladí: ¿cómo nos defrauda el sistema a ambos?

Condiciones organizativas: la evaluación se realiza con unos condicionantes determinados como son el tiempo disponible, el grupo de personas evaluadas, el estímulo profesional consiguiente, la tradición institucional, las exigencias del currículum, las técnicas disponibles, la formación recibida, la cultura organizativa...

Quiero hacer referencia a un ejemplo que muestra de forma clara cómo la cultura organizativa (en algún modo regida por la política educativa) condiciona la práctica de la enseñanza en la Universidad. La evaluación que se realiza de la docencia, por períodos de cinco años, se resuelve de forma positiva sin hacer siquiera esa evaluación. El sueldo sube automáticamente sin ningún tipo de exigencia ni comprobación. Ahora bien, cuando se evalúa la investigación, se forman Comisiones Nacionales a las que hay que presentar los resultados y que tienen unos criterios que aplican con relativo rigor. Por consiguiente, lo que de verdad importa a la hora de la verdad es dedicarse a la investigación o, lo que es más exacto, a la publicación inteligente, es decir pragmática. Dedicarse a evaluar a los alumnos de manera razonable, individualizada y rigurosa resulta "una pérdida de tiempo".

En segundo lugar, es preciso reseñar que la evaluación tiene, entre otros, dos componentes básicos: uno es el de comprobación de los aprendizajes realizados. Este primer componente, en sí, es ya muy problemático (Santos Guerra, 1998). No resulta fácil saber cuándo y cómo ha realizado el alumno los aprendizajes pretendidos. Pero hay otro componente de la evaluación que es muy poco tenido en cuenta y que no es menos importante: el de explicación o atribución. En efecto, la evaluación viene a decir implícitamente que cuando el aprendizaje no se produce se debe a la exclusiva responsabilidad del que aprende: es torpe, es vago, está mal preparado, tiene poca base, tiene pocos medios, tiene malas influencias, no tiene ayudas, tiene distractores importantes, está inmerso en problemas, no tiene suficiente motivación, no domina las técnicas de estudio necesarias, se pone nervioso al realizar las pruebas...

Obsérvese que pocas veces se responsabiliza a la institución o a los docentes del fracaso que tienen los alumnos aunque en algunas ocasiones sea evidente su influencia en el hecho. Pienso, por ejemplo, en el caso de dos profesores que imparten cursos paralelos, de la misma asignatura, en el mismo centro y cuyos alumnos han sido divididos en dos grupos, partidos por la letra L. Los que forman el grupo de la A a la L obtienen resultados satisfactorios y los de la L a la Z fracasan con estrépito. ¿No se puede atribuir nada de los resultados a la actuación de los docentes? ¿Hay que pensar que los alumnos más torpes o más perezosos se agrupan por las iniciales de sus apellidos? La explicación se hace más inquietante si el hecho se repite año tras año. Sin embargo, cada alumno se hará cargo de su fracaso asumiendo toda la responsabilidad y todas las consecuencias del mismo.

En tercer lugar, es conveniente recordar, como ya apuntaba más arriba, que el conocimiento académico tiene un doble valor. Por una parte, tiene **valor de uso** (es decir, es útil, tiene sentido, posee relevancia y significación, despierta interés, genera motivación...) y por otra parte tiene **valor de cambio** (es decir, se puede canjear por una calificación, por una nota). Cuando predomina el valor de uso, lo que importa de verdad es el aprendizaje. Cuando tiene una gran incidencia el valor de cambio es porque lo único que de verdad importa es aprobar.

Me pregunto cada día: ¿cuántos de mis alumnos estarán aquí por el deseo y el gusto de aprender o por el interés intrínseco de lo que aprenden y cuántos por la imperiosa necesidad de obtener un certificado? Ironiza Gelner sobre los títulos académicos con una divertida anécdota. Dice que por las afueras de la ciudad de Edimburgo paseaba un individuo excéntrico que se entretenía en preguntar a la gente:

–¿Usted está bien de la cabeza?

Las personas solían contestar desconcertadas pero seguras de que sí, que estaban cuerdas. Él seguía con su interrogatorio:

–¿Me lo puede acreditar?

La respuesta de los interpelados se cargaba de asombro. No sabían cómo podía acreditarse, así de pronto, esa respuesta afirmativa. Pero él decía:

–Pues yo sí lo puedo acreditar de forma inequívoca.

Y sacaba de su cartera un documento que decía en su cabecera: Certificado de alta del manicomio.

Es decir que es el título y solamente el título el que acredita en una sociedad que se han adquirido determinados saberes o de que se poseen ciertas destrezas. De ahí su importancia.

Es necesario hacer hincapié en el papel que desempeña la evaluación dentro del currículum. De alguna manera condiciona todo el proceso de enseñanza/aprendizaje. Cuando el énfasis se acaba situando en la consecución de buenas calificaciones es porque el interés que tiene el conocimiento es, cuando menos, secundario. No tienen por qué ser antagónicos el valor de uso y el valor de cambio, pero la práctica pervertida puede exclusivizar el interés por las calificaciones. Se puede observar con preocupación cómo algunos alumnos –incluso, grupos enteros– forcejean con el profesorado para que se vean menos temas, para que el programa sea más corto, para que sea más fácil aprobar (a costa de que el aprendizaje sea también menor o de que no exista). Se puede comprobar fácilmente cómo los alumnos desean irse pronto de vacaciones, hacer "puentes" entre días festivos, retrasar el comienzo de las clases... Con tal de que no se amenace el aprobado, todo es aceptable.

Una huelga de profesorado en la Universidad no despierta protestas severas del alumnado, a no ser que se plantee una "huelga de actas". Es entonces cuando los alumnos dicen: "Vamos a perder el curso". Porque el curso se pierde cuando no se aprueba, no cuando no se aprende.

En cuarto lugar, deseo advertir que la forma de practicar la evaluación potencia o debilita un tipo de operaciones intelectuales u otro según los criterios que fija el evaluador. Si se pide que se jerarquicen por orden de complejidad intelectual las siguientes tareas (todas importantes, todas necesarias) está claro que el orden tendrá carácter descendente. La de menor potencia será memorizar y la de mayor potencia, crear.

MEMORIZAR
APRENDER
ALGORITMOS
COMPRENDER
ESTRUCTURAR
COMP ARAR
ANALIZAR
ARGUMENTAR
OPINAR
INVESTIGAR
CREAR

Ahora bien, si se observa qué orden ocupan estas tareas en las pruebas y exigencias de la evaluación, probablemente esté invertido el orden. De esta manera, la evaluación estará puesta al servicio de las tareas intelectualmente más pobres. Es decir, la estructura de tareas (Doyle, 1979) está muy vinculada a la naturaleza del fenómeno evaluador.

La complejidad que encierra el proceso de evaluación es tan grande que resulta sorprendente el reduccionismo con el que frecuentemente se practica en el marco de las instituciones. Una de las causas de la simplicidad es un reduccionismo lingüístico que confunde evaluación con calificación. En efecto, poner una nota no es un proceso de evaluación, como no lo es la simple medición de la longitud de una mesa. Otra causa de la simplificación proviene de la selección de los contenidos evaluables. ¿Por qué solo conocimientos y destrezas?, ¿por qué no actitudes y valores? Una tercera causa es la pretendida tecnificación que despoja a la evaluación de dimensiones más complejas como la justicia, la diversidad, la emotividad...

La evaluación permite desvelar las concepciones del evaluador

La forma de entender y de practicar la evaluación permite deducir cuáles son las teorías sobre las que esta se sustenta. No es cierto que los prácticos no tengan teorías, otra cosa es que estas sean explícitas. ¿Qué tipo de concepciones permite desvelar la evaluación?

a. Sobre la naturaleza de la inteligencia: si se piensa que la inteli-gencia es algo dado de una vez para siempre a las personas, que no está condicionada por factores sociales, culturales, lingüísticos, económi-cos..., será más fácil clasificar a los sujetos en grupos de fracaso o de éxito. Si, por el contrario, se piensa que la inteligencia es algo que se construye, que depende de influjos culturales, que tiene la potenciali-dad de desarrollarse y enriquecerse, la evaluación estará más abierta a la flexibilidad.

Hay evaluadores que clasifican y etiquetan a los evaluados atribuyéndoles unas capacidades inamovibles que, de alguna manera, condi-cionan las expectativas y predisponen al fracaso o al éxito. La política de etiquetado, como certeramente explica Michael Apple, no se realiza de manera casual:

> "Una gran parte de la literatura de etiquetado de los niños en la escuela descansa en una rama particular del idealismo. Es decir, supone que las identidades de los alumnos son creadas totalmente por las percepciones que los profesores tienen de los estudiantes en el aula. Sin embargo, no es simplemente una cuestión de que la conciencia de los profesores crea la conciencia de los niños: por ejemplo, un profesor concibe a un estudiante como realmente torpe y, en consecuencia, el niño se vuelve realmente así, aunque con toda seguridad hay en esto algo de verdad. Además de eso se hallan también profundamente implicadas las expectativas y circunstancias materiales objetivas que forman y rodean el entorno escolar" (Apple, 1986:184-185).

Es decir, que es más fácil que se apliquen etiquetas de bajo a personas de clases menos pudientes, culturalmente depauperadas o de escasa expectativa intelectual.

b. Sobre el proceso de enseñanza/aprendizaje: la forma de evaluar desvela el concepto que el docente tiene de lo que es enseñar y aprender. No sólo de qué es lo que el aprendiz tiene que asimilar sino de la forma en que el profesor puede ayudarle a hacerlo.

Me serviré de dos metáforas para explicitar estas afirmaciones. Primera metáfora: El docente es una persona que posee el conocimiento en un recipiente. Por ejemplo, una botella de agua. El aprendiz es una copa (elemento por completo pasivo) que recibe el agua de manos del docente. La evaluación consistirá en preguntarse por el agua que contiene esa copa. Si no hay agua dentro de ella es porque no estaba debajo del chorro de agua que se vertía de la botella. Segunda metáfora: el docente en un experto en buscar manantiales de agua. La tarea docente consiste en enseñar al aprendiz a localizar por sí mismo manantiales de agua. La evaluación consistirá, en este caso, en comprobar si el aprendiz es capaz de buscar por sí mismo fuentes de agua y de saber si esta es salubre o está contaminada.

Cuando se concibe la enseñanza como un proceso mecánico de transmisión de conocimientos, linealmente estructurado (sólo puede aprender el alumno, sólo puede aprender del profesor...), la evaluación consistirá en comprobar si, efectivamente, el aprendizaje se ha producido.

¿Se potencia, desde esa concepción, el aprendizaje autónomo, la búsqueda de conocimiento independiente? ¿Se practica el aprendizaje compartido, el trabajo en grupo, la búsqueda colegiada? ¿Se piensa, desde esta concepción, en los efectos secundarios del aprendizaje? Evidentemente, no. De ahí el hecho, tantas veces denunciado por los alumnos, de que han aprendido algo o mucho de algunos profesores, pero que han aprendido simultáneamente a odiar el aprendizaje y, concretamente, el aprendizaje de esa materia.

c. Sobre la naturaleza de la profesión: quien concibe al docente como un profesional dedicado a realizar prácticas asépticas, despojadas de dimensiones psicológicas y sociales, practicará una evaluación centrada en la adquisición de datos y en el dominio de competencias.

Si alguien entiende que el docente es una persona encargada de introducir en la cabeza del aprendiz una serie de datos, conceptos, teorías y destrezas, no se planteará ninguna cuestión sobre las exigencias morales, las relaciones interpersonales, las dinámicas sociales que conlleva una forma distinta de entender la profesión.

La evaluación permite desvelar las actitudes del evaluador

a. Hacia sí mismo: si uno tiene la conciencia de que parte del aprendizaje depende de la forma en que se ha enseñado, mantendrá la humildad de reconocer como suyo parte del fracaso de los que aprenden. No pensará que si el aprendizaje no se produce es por responsabilidad exclusiva del aprendiz.

Quien se vive a sí mismo desde la displicencia, desde una actitud masoquista, será probable que aborde la evaluación desde posiciones sádicas. Es más que probable que convierta la evaluación en una instancia de poder que lo parapeta ante interpelaciones inquisidoras.

La evaluación no se utiliza como un instrumento de aprendizaje para el que enseña (Santos Guerra, 2001), sino como un simple modo de comprobación del esfuerzo realizado por el que aprende.

b. Hacia los evaluados: como la evaluación encierra poder, hay quien la utiliza como un arma con la que amenaza y castiga. Lejos de emplearla como un estímulo, le sirve como instrumento de opresión. "Ten cuidado con lo dices o con lo que haces, porque te puedo desaprobar", dice el evaluador que se atrinchera detrás de su capacidad de sentenciar.

Este poder es a veces ejercido por el evaluador y, a veces, es vivido por el evaluado que practica un servilismo interesado que dará frutos en el momento de las calificaciones.

Este clima adultera la convivencia y genera una dinámica de falsedades y de perversión institucional. El que evalúa no recibe críticas de los evaluados por el temor a que se produzcan represalias o castigos, más o menos velados. A sus espaldas dirá el evaluado todo lo que piensa y lo que siente, pero esa información nunca se podrá utilizar para reflexionar o para el mejorar el proceso, ya que ni siquiera es conocida.

Una forma perniciosa de poder es aquella que consiste en la imposición de la verdad. La definición (jerárquica) de verdad como "aquello que la autoridad dice que es verdad" tiene mucho que ver con la práctica de la evaluación, ya que esta ha consistido esencialmente en dar respuestas que el evaluador considera como válidas. ¿Quién no ha tenido que renunciar a sus propios criterios para acomodarse a los de un evaluador estricto?

Los alumnos renuncian, con mucha frecuencia, al derecho que la ley les confiere de hacer reclamaciones sobre la calificación obtenida, ya que consideran que pueden salir malparados. Y, en caso de acudir a comisiones evaluadoras alternativas, tienen la sospecha de que los profesores adoptarán una actitud gremialista que defienda los criterios de un compañero.

c. Hacia los colegas: la evaluación suele ser una práctica individualista en un doble sentido. En primer lugar porque cada evaluador la practica según sus peculiares criterios. En segundo lugar porque cada evaluado tiene que afrontar de manera individualista la comprobación de su aprendizaje. Hasta cuando se hacen trabajos de grupo el evaluador se muestra inquisitivo para saber qué hizo cada uno de los integrantes del mismo. Es grupal el trabajo, pero la evaluación sigue siendo estrictamente individual.

Una práctica individualista de la evaluación deja en evidencia la forma de actuar de otros compañeros. Detrás de esa forma de actuación (cada uno a su tarea, "cada maestrillo con sus actillas") subyace una concepción egocéntrica del proceso de enseñanza y aprendizaje. Ni siquiera lleva a la reflexión el comprobar las significativas discrepancias entre los resultados de la evaluación realizada por compañeros. Si en segundo curso obtienen mejores calificaciones que en primero, ¿dónde adquirieron la base necesaria? Si van bien en todas las asignaturas y solo mal en la mía, ¿qué sucede con mi forma de evaluar? Si con todos los colegas obtienen aprobados, ¿por qué conmigo todos obtienen sobresaliente?

En realidad, sólo importa "mi" asignatura. "mi" alumno, "mi" evaluación". Las preguntas de más calado ni siquiera se plantean. No aparecen interrogantes del siguiente tipo: ¿cómo salen formados los aprendices?, ¿qué tipo de profesional buscamos?, ¿qué exigencias tiene la práctica y cómo las satisfacemos?, ¿cómo se hace la simbiosis teoría/práctica?, ¿cómo se forman las actitudes?...

La evaluación permite desvelar los principios éticos del evaluador

La evaluación no es sólo un procedimiento mecánico que conduce a una calificación sino que encierra, por el contrario, dimensiones éticas de naturaleza nada desdeñables. ¿Se ha pensado lo suficiente sobre los sentimientos que se mueven –tanto de profesores como de alumnos– en torno al fenómeno de la evaluación? ¿Se ha planteado con profundidad lo que sucede con los componentes morales del proceso evaluador?

Veamos algunos de los principios que, a través de la forma de hacer la evaluación, quedan de manifiesto y muestran cómo se carga de sentido moral todo el proceso.

a. Sobre la estructura y la dinámica social: quien concibe la realidad social como un entramado fatalista de jerarquías no será sensible a los perjuicios y a las dificultades que los más desfavorecidos tienen para acceder al conocimiento. Unos tienen muchos medios psicológicos (expectativas, estímulos, motivaciones, facilitadores) y materiales (dinero, libros, internet...) y parten con ventaja en esa lucha por conseguir los mejores puestos. La evaluación tiene que ver con la racionalidad pero también con la justicia.

Una determinada forma de practicar la evaluación, eminentemente tecnicista, pretendidamente aséptica, obsesionada con mediciones estandarizadas, es poco sensible a las diferencias económicas, sociales y culturales.

b. Sobre finalidad de las instituciones: quien piensa que las instituciones han de convertirse en filtros sociales, que han de clasificar a los sujetos en función de sus capacidades, hará una evaluación tendente a establecer rigurosas competiciones clasificadoras. Si, por el contrario, alguien piensa que las instituciones tienen la tarea de ayudar a que las personas crezcan y lleguen a sus máximas posibilidades, hará una evaluación más individualizada y sensible a las diferencias.

Estas concepciones están condicionadas, entre otros muchos factores, por la cultura que invade la sociedad y las mismas instituciones (Pérez Gómez, 1998), que no pueden quedarse al margen del clima cultural en el que se mueven. Por eso, resulta fácil dejarse arrastrar hoy día por las corrientes neoliberales que sumergen a las instituciones en una dinámica de competitividad, de obsesión por la eficacia y por el éxito individualista de sus integrantes.

c. Sobre las exigencias morales de la profesión: Las profesiones en las que se produce una interacción profunda entre las personas se sustentan sobre unas exigencias morales que no pueden ser olvidadas.

Si un docente, sólo se preocupa de la dimensión técnica del aprendizaje, del progreso intelectual, del éxito académico del aprendiz, estará olvidando los principios básicos de la relación humana y de un ejercicio profesional responsable.

Algunas conclusiones encaminadas a mejorar la práctica

Podría darse la vuelta al título y al contenido de este texto. Todas las concepciones, las actitudes y los principios del profesional conducen a una práctica evaluadora determinada. A su vez, la práctica permite descubrir las concepciones, las actitudes y los principios que la sustentan. De ahí mi interés por cerrar estas líneas con sugerencias para mejorar la práctica de la evaluación.

Es preciso poner en tela de juicio las prácticas evaluadoras

Si no se somete la práctica a un análisis riguroso que ponga en entredicho el entramado de principios, exigencias y normas, será difícil comprenderla y transformarla.

> "El análisis de la evaluación no puede realizarse sin una referencia directa a la acción educativa y al concepto de aprendizaje que resulta de ella... Sería aconsejable, pues, empezar por examinar con ojo crítico las tesis planteadas, para luego, en un segundo momento, considerar nuevas prácticas de evaluación que estarían en mejores condiciones de responder a cada una de las opciones pedagógicas" (Bélair, 2000:13).

Esta revisión constante de las prácticas y de los principios que la sustentan ha de hacerse de forma cooperativa y no solamente individualizada. Compartir los interrogantes, reformular las preguntas, analizar las repercusiones de un determinado modo de proceder, resulta imprescindible para la mejora de la evaluación.

La evaluación se ha circunscrito a los aprendizajes de los alumnos pero, como es lógico, hay que evaluar también la docencia (Jiménez Jiménez, 1999). Si se evalúa la docencia, será más fácil mejorar los procesos de aprendizaje.

Las preguntas han de conducir a un proceso de investigación riguroso

Formularse preguntas no lo es todo. Si, una vez formulados los interrogantes, respondemos con intuiciones, suposiciones, teorizaciones sin fundamento, no comprenderemos el problema y, además, defenderemos intereses espurios que mantengan el *statu quo* de nuestras prácticas.

La investigación exige rigor. Ahora bien, hay quien concibe la investigación como un sofisticado y complejo sistema de carácter estadístico que solamente los técnicos dominan. Entiendo por investigación un proceso de análisis de la realidad que se apoya en evidencias y en argumentaciones cargadas de rigor. Digo esto porque algunos docentes entienden que la investigación educativa es competencia exclusiva de los expertos.

Cuando un docente se hace preguntas sobre la evaluación y responde a las mismas apoyándose en evidencias, en hechos rigurosos, en argumentos consistentes, está investigando.

Desde la comprensión que genera la investigación es preciso tomar decisiones de mejora

El sentido educativo que ha de tener la investigación exige que ésta se ponga al servicio de la mejora de las prácticas y que no sirva sólo para llenar los anaqueles de tomos cuajados de hermosas y consistentes teorías.

El conocimiento ha de estar centrado en la acción evaluadora y encaminado a la mejora de la misma. Entendiendo por mejora no sólo la multiplicación de sus exigencias técnicas sino la racionalidad de la práctica y el respeto a la equidad que la educación auténtica exige.

El motor que impulsará la transformación y la mejora de la evaluación que realizan los profesionales es la comprensión que genera la investigación que realizan.

Es preciso exigir las condiciones necesarias para que la mejora llegue a buen término

La mejora no depende solo de las concepciones, de las actitudes y de los principios que inspiran la práctica de los evaluadores. Hace falta transformar las situaciones en las que se desarrolla la práctica. Esas condiciones no se modifican por arte de magia. Es necesario ejercer la crítica y organizar la exigencia de reivindicaciones, ya que no siempre los Administradores están dispuestos a escuchar y a facilitar la mejora de esas situaciones.

Nuestra condición de profesionales y de ciudadanos nos exige un compromiso con la transformación que pasa por mejorar las condiciones que la hagan posible. Para ello hace falta romper el individualismo, desmontar el fatalismo y practicar la valentía cívica, que es una virtud democrática que nos hace ir a causas que de antemano sabemos que están perdidas.

Tatuajes en el alma: aprendizaje sobre evaluación a través de la experiencia

Abriendo la puerta

Uno de los elementos más decisivos del currículum es la evaluación. Porque suele condicionar todo el proceso de aprendizaje. Y porque está transido de dimensiones éticas, sociales, psicológicas y no meramente didácticas. Comprender y realizar bien la evaluación constituiría un camino inmejorable para mejorar la práctica de la enseñanza en las escuelas. Entendiendo la evaluación como un proceso complejo de comprensión y explicación y no como un acto mecánico de atribución de calificaciones (Santos Guerra, 1993,1998).

Es sabido que el conocimiento escolar tiene dos tipos de valor. Uno es el valor de uso. Tiene que ver con el interés, la utilidad, la relevancia, el significado, la importancia de ese conocimiento para la vida. Este tipo de valor, tantas veces discutible, contrasta con la contundencia que tiene el valor de cambio. Consiste éste en el canje que se hace de la demostración de que se ha adquirido el conocimiento (tenga o no valor de uso) por una calificación y, posteriormente, por un certificado o un título. Este doble valor nos lleva a la pregunta: ¿Qué es lo que de verdad importa? La manera de concebir la práctica, de organizar las instituciones, de realizar la evaluación, potencia hasta límites inconcebibles el valor de cambio del conocimiento académico. Los alumnos y alumnas van caminando, llevados por el sistema, al convencimiento de que lo importante es aprobar, no aprender.

Para que los profesionales realicen una evaluación rigurosa, una evaluación auténtica, según le gustaba decir a mi entrañable amigo chileno Pedro Ahumada (2005), es necesario que la formación inicial asiente las bases teóricas y estratégicas que luego iluminen la práctica. Ya sé que las condiciones, las estructuras, los malos hábitos hacen luego muy difícil poner en práctica las teorías y las estrategias aprendidas. Pero, sin ellas, es muy difícil que se llegue a una práctica rica e innovadora de la evaluación. Por muy buenas que sean las condiciones.

Resulta curioso que, después de la cantidad de años de experiencia en evaluación (como sujetos de evaluaciones inexorablemente realizadas en el sistema educativo), quienes con el paso del tiempo se convierten en evaluadores repitan los errores que han considerado irracionales y dañinos. Este hecho me ha llevado a plantear la siguiente pregunta: ¿Qué es lo que nos hace aprender de la experiencia? No basta con tenerla, no basta incluso con analizarla. La misma experiencia a unos les hace aprender y a otros los embrutece. A unos los estimula y a otros los adocena. En mis clases de evaluación para futuros maestros y maestras suelo dedicar una sesión a que los alumnos y alumnas reflexionen sobre lo que han vivido y están viviendo como personas que han sido evaluadas. Es decir, que los invito a que lean lo que está escrito en su propia piel. Que descifren los tatuajes que tienen grabados en el alma.

En las sesiones a las que hago referencia, como luego veremos, los alumnos suelen hacerse eco de graves errores, de lamentables injusticias, de alarmantes incongruencias. ¿Las repetirán en sus aulas cuando sean maestros? La cuestión tiene dos dimensiones complementarias. Por una parte, me pregunto qué es lo que han aprendido de la experiencia y, por otra, si esos aprendizajes se han incorporado a la conciencia profesional de manera que sean operativos en la práctica. Resulta curioso observar cómo la misma experiencia es vivida por unos de manera diametralmente opuesta a otros. Un suspenso a unos los hunde y a otros los estimula. A unos los acobarda y a otros los reta.

Lo que nos da a todos la experiencia, de forma inexorable, son años. No nos da, automáticamente, sabiduría. No nos da, sin más ni más, compromiso con la acción y solidaridad con las personas más desfavorecidas. Para que la experiencia se convierta en sabiduría (que, etimológicamente tiene que ver con saber y con gustar, ya que el verbo saber procede del latín "sapere"=saborear) hacen falta varias exigencias:

a. Capacidad para observar con rigor lo que sucede. Hay personas que pasan por la experiencia sin enterarse de nada, sin aprehender sus significados, sin descubrir los hilos invisibles que se mueven "entre bastidores".

b. Capacidad de analizar críticamente lo que sucede, comprendiendo los significados, las causas y las consecuencias. Existe una forma de entender la realidad que la considera ahistórica, es decir que no depende de decisiones humanas. Como si las cosas fuesen como son porque no pudiesen ser de otra manera.

c. Voluntad de asimilar en la propia historia aquello que se ha descubierto. La actitud positiva hacia el aprendizaje es un componente sine qua non para que se produzca un aprendizaje significativo.

Para que luego se lleve a la práctica el aprendizaje hacen falta algunas exigencias complementarias:

a. Un compromiso con la práctica profesional que rompa las rutinas incorporadas a la forma de entender y de vivir la profesión. Muchos docentes actúan por inercia: como han actuado los docentes que han tenido y como actúan los docentes que los rodean.

b. Que el entorno permita poner en práctica experiencias que sean originales, que se salgan del planteamiento hegemónico. Si el sistema asfixia la innovación, se actuará de forma homogénea.

c. Autoridades que concedan libertad para la innovación y la creatividad. No es igual plantearse la práctica profesional bajo el lema: "que todo siga igual, salvo que sea necesario cambiarlo", que bajo el opuesto: "hay que cambiarlo todo, salvo que se demuestre que merece ser mantenido".

d. Clima que no asfixie el intento de transformación de las prácticas. En un contexto entregado a las rutinas es frecuente que se produzca la fagocitosis de quien desea ser innovador. Porque esa persona pone en entredicho la mecánica tradicional y escasamente crítica de la evaluación. Quien se hace preguntas, quien desea comprender con profundidad lo que hace y sus consecuencias, quien se esfuerza por introducir cambios que exigen esfuerzos interpela automáticamente a quien no quiere hacer nada. Por eso lo devora. Al destruirlo destruye también la causa que defiende.

e. Condiciones favorables para llevar a la práctica los cambios: tiempo, número de alumnos, leyes coherentes con la práctica educativa enriquecedora. Las contradicciones entre las proclamas legales y las exigencias prácticas son a veces clamorosas. Se dice, por ejemplo, que son importantes todas las parcelas del proyecto educativo, todos los ámbitos del aprendizaje, pero en algunas evaluaciones externas organizadas por los mismos responsables que impulsan la ley sólo se evalúa el rendimiento en matemáticas y lengua.

Me sorprende sobremanera la facilidad con que se repiten los errores habiendo sido víctima de ellos. Hijos que han sufrido incomprensión se convierten en padres que no hacen esfuerzo alguno para comprender a sus hijos. Pacientes que han sido maltratados por la insensibilidad de los médicos y que luego se convierten en médicos insensibles. Alumnos que han sido objeto de evaluaciones rígidas, autoritarias, irracionales y que luego se convierten en profesores que practican una evaluación irracionalmente autoritaria. ¿Cómo es posible que en tan corto tiempo se haya olvidado todo lo que se ha vivido?

He pedido a mis aproximadamente cien alumnos y alumnas que escriban sobre sus experiencias en evaluación. La pregunta que formulé fue exactamente la siguiente: *¿Qué es lo más significativo que te ha pasado cuando te han evaluado en el sistema educativo?*

Obsérvese que la pregunta no está centrada en las dimensiones negativas de la evaluación. No se ha preguntado, por ejemplo: *¿Qué problemas has tenido en la evaluación que te han hecho en tu proceso de aprendizaje escolar?* Digo esto porque muchas de las respuestas, como luego veremos, tienen un contenido claramente negativo o problematizador. También puede suceder que la realidad, en sí misma, haya tenido muchos componentes positivos pero la habitual tendencia al hacer el análisis experiencial tenga un tono negativo. Es decir que estemos más habituados a ver lo negro que lo blanco. En alguna ocasión he realizado la siguiente experiencia en la clase: he dibujado un punto negro en el centro de un folio completamente blanco. Al presentarlo y preguntar *¿qué hay aquí?*, indefectiblemente he recibido contestaciones de este tipo: "una mancha", "un punto negro", "un agujero.", "un borrón"... ¿Por qué no han visto la parte blanca de la hoja, mucho más grande que el punto?

1. Características comunes a los relatos

Existen denominadores comunes al proceso de evaluación que describen los alumnos. Es decir, dimensiones que están presentes en todos o casi todos los relatos que hacen.

Dimensión negativa

Una de ellas es que la mayoría de los relatos tienen un componente negativo, doloroso, amargo. ¿Por qué? ¿Es que hay más dimensiones negativas en la evaluación? ¿Es que se hipertrofian los errores y las limitaciones? ¿Es que la forma de vivir la experiencia se sustenta en la vivencia selectiva de los fenómenos negativos? ¿Existe una tendencia en la consideración de la experiencia vital que hace resaltar los aspectos negativos de la realidad?

Abrirse a la crítica y hacer autocrítica es el camino para comprender y mejorar las prácticas de evaluación. No se debe confundir la pereza de pensamiento con las firmes convicciones.

En el siguiente testimonio se mezclan la jerarquía abusiva, la etiquetación negativa y las amenazas cargadas de un humor de discutible cuño:

> "En las clases nos tenía atemorizados, preguntaba uno por uno cómo seguir una demostración... A quienes no lo supieran los encasillaba de torpes, les decía que hay que estudiar más y repetía frecuentemente *Os voy a poner un cero como la boina de un vasco*".

Presencia de sentimientos

Muchos de los relatos están teñidos se sentimientos. Este es un fenómeno en el que me quiero detener porque muchas veces se piensa que la evaluación es un fenómeno meramente técnico. No es así. Tanto los profesores como los alumnos viven determinados sentimientos ante la evaluación (Santos Guerra, 2006). Sentimientos que condicionan la acción presente y futura. Sentimientos que marcan la vida escolar y la vida en general de los evaluadores y de los evaluados.

Dice un alumno, refiriéndose a los sentimientos que le provoca la realización de exámenes y el conocimiento de las calificaciones, aunque sea a través de su exposición en un tablón:

> "A mí personalmente me causa un miedo terrible el tener que ir a ver una nota cuando la ponen en el tablón, o por ejemplo el tenerme que jugar la nota de una asignatura en un examen final en el cual no se valora con justicia mis conocimientos y todo lo que yo he podido aprender o asimilar y no puedo plasmar en un folio en un tiempo determinado".

Hegemonía del examen

Existe casi unanimidad en el reconocimiento del examen como principal, casi único, instrumento de evaluación. El examen escrito, sobre el que tantas cosas se han dicho (Álvarez, 2001).

> "Con respecto a mi experiencia en cuanto a evaluación he de decir que han destacado los exámenes y, entre todos, los exámenes escritos. Nunca he sido evaluada de otra manera... El aspecto negativo que conlleva este tipo de evaluación engloba varios aspectos:
> - en primer lugar, pasas unos días estudiando a tope algo que, en ocasiones, o no te gusta o no entiendes.
> - en segundo lugar, pasas unos momentos de infinita tensión, nervios, antes de empezar a examinarte. Algo que no debería ser así y que sin embargo sucede, provocando un enorme miedo.
> - en tercer lugar, cuando acabas, a los pocos minutos, olvidas todo o casi todo."

Cuando se exigen trabajos, ejercicios y otras tareas supuestamente complementarias de evaluación, lo cierto es que el examen las eclipsa todas. Todo lo demás es accidental, lo importante, lo único importante, es el examen. Dice una alumna:

> "Cuando mandan muchos trabajos, que te inflas a trabajar, y luego te hacen examen y suspendes, pues la nota final es suspenso, sin mirar los trabajos que has hecho".

La hora de la verdad, pues, es la del examen. Lo demás son entretenimientos baldíos para la calificación. Son exigencias desconectadas de la valoración del aprendizaje. Lo ejemplifica la informante anterior con un caso concreto:

> "La experiencia tuvo lugar en 8º de EGB. El día del examen teníamos que entregar un archivador con recortes de periódicos comentados. Si no lo entregábamos nos suspendía, pero si suspendíamos el examen y entregábamos el archivador no nos aprobaba aunque fuese por unas décimas".

Jerarquización del proceso

El profesor es quien "corta el bacalao" en el proceso de evaluación. Pocas experiencias de participación hemos encontrado. El carácter descendente de la evaluación, el componente jerárquico, no sólo afecta al hecho de ser evaluados.

Se evalúa fundamentalmente a los alumnos (Santos Guerra, 1993). En la medida que se asciende en el escalafón se alejan las personas de la amenaza de la evaluación. Los profesores pueden ser evaluados, incluso los Directores (por cierto, con menos repercusiones que las de los alumnos cuando son evaluados), pero ya no se sube más en la escala. De arriba hacia abajo aumenta la evaluación como un peso, de abajo hacia arriba suben los sueldos como la espuma.

Afecta también al modo de realizar la evaluación. Es el profesor el que decide, el que fija criterios, exigencias, contenidos y formas de hacer la evaluación.

> "Lo que me ha aportado mi experiencia como persona evaluada es que es el profesor el que siempre realiza la evaluación, no teniendo en cuenta para nada la opinión o posible aportación que puedan realizar los alumnos en esta, aun siendo ellos el centro de la misma".

Un alumno dice de forma lapidaria:

> "He aprendido que ellos siempre tienen razón... Se sienten superiores a ti, y cuando suspendemos no saben que ellos han podido tener parte de culpa".

Homogeneización del proceso

Casi todos los alumnos hacen referencia, de una u otra forma, al carácter homogeneizador que tiene la evaluación (en todos los niveles y asignaturas). Pocas veces se hace referencia a la contextualización o a la atención a la diversidad del alumnado.

Cuando esta alumna contesta a la pregunta sobre lo que ha sido más significativo para ella en las evaluaciones de las que ha sido objeto, dice:

> "Sin duda, el hecho de que en la totalidad de las evaluaciones que he tenido y sentido no se haya considerado el sujeto en sus circunstancias, en este caso, mis posibilidades, mis ilusiones sobre lo que realicé y sobre lo que aprendí. Ya está, en un pis pas, incluso a veces con cara somnolienta y desinteresa, el profesor evaluaba lo que él llamaba "proceso" pero que al final, como siempre, era un examen".

Dice otro informante, al respecto, que no se tiene en cuenta la diversidad del alumnado al hacer la evaluación y que ese planteamiento contradice la realidad ya que no todos somos iguales.

> "Se evalúa en igualdad de condiciones, sin adaptarse a aquellas que no tengan igualdad en cuanto a los demás, es decir, evaluar como si fuéramos iguales, sin tener en cuenta las características que rodean a cada persona. Se establece un mismo nivel para todos aun sabiendo que no todos somos iguales ni tenemos las mismas condiciones".

2. Errores más importantes

Muchos informantes hablan, a veces con dolor, a veces con rabia, sobre las experiencias que han vivido en el proceso evaluador. Apenas si existen diferencias en la percepción que tienen de la evaluación recibida en los diversos niveles del sistema educativo.

Negación de los principios de la evaluación

Los alumnos que cuentan su experiencia, futuros maestros, conocen ya cuáles son las exigencias teóricas de la evaluación. Pero ven negados en la práctica la mayoría de los postulados que exigiría una evaluación educativa (si es "educativa" es porque se centra en la educación, pero también porque educa a quienes la hacen y la reciben). Se habla en la teoría de evaluación continua, de evaluación cualitativa, de evaluación contextualizada, de evaluación formativa, pero...

> "He de decir también que, por regla general, no se suele evaluar a los alumnos teniendo en cuenta el trabajo realizado diariamente. Así pues, alumnos que nunca van a clase pueden obtener una calificación mucho más alta que otros que se han esforzado a lo largo de todo el curso".

Profecías de autocumplimiento

La evaluación encierra importantes fenómenos psicológicos. Uno de los que tienen mayor repercusión en los alumnos es el de las profecías de autocumplimiento que hacen los profesores, a todo el grupo, a un grupo pequeño o a personas concretas de los mismos.

Como se sabe, la profecía de un suceso suele dar lugar al suceso de la profecía. Decir a los alumnos que no sirven para estudiar, que son torpes, que nunca llegarán a aprobar, que no tienen capacidad para aprender, que son incapaces de asimilar el conocimiento, que por mucho que se esfuercen no van a llegar a tener éxito... da como resultado que los hechos confirmen el anuncio.

De ahí la importancia que tiene evitar esas profecías negativas e invertir el contenido de las mismas, alentando a los alumnos a conseguir el éxito.

> "Carolina *(el nombre es supuesto)*, tienes mucha fuerza de voluntad, pero... esto no es lo tuyo".

Enfoque autoritario

No aparecen experiencias de participación de los alumnos y alumnas en el proceso de evaluación. Participan sencillamente haciendo los exámenes cuando, como y donde decide el profesor. Los alumnos no participan en la fijación de criterios, ni en la aplicación de los criterios, ni en la discusión de la aplicación de los criterios.

Aunque muchos manifiestan no estar de acuerdo con la evaluación y sus resultados, pocos han acudido al profesor para discutir o negociar los resultados. Por más importante que este hecho sea (Santos Guerra, 2003), consideran que es peligroso dialogar sobre la calificación porque suele tener resultados perjudiciales.

Incongruencias en el desarrollo del proceso

Las incongruencias pueden ser de muy diverso tipo (Santos Guerra, 2001). Entre lo que dice el profesor y lo que luego hace, entre los principios que se enuncian en los manuales sobre la evaluación y lo que sucede en la práctica, entre lo que hacen unos profesores y otros dentro del mismo curso o del mismo Centro...

> "El año pasado en una asignatura de Pedagogía donde se hacía muchísimo hincapié en la importancia del aprendizaje significativo respecto del memorístico, llegado el momento de la evaluación me presenté al examen correspondiente habiéndome estudiado todo el temario y, a la vez, comprendiéndolo y, claro está, cada pregunta del examen yo la contestaba con mis palabras. Eran contestaciones correctas, pero suspendí el examen. Más tarde, en la recuperación, estudié de nuevo el temario, pero esta vez de forma memorística, soltando como

loro todas y cada una de las palabras que venían en los apuntes. Y esta vez sí que aprobé".

No resulta congruente que un examen de filosofía se desapruebe por no acentuar dos palabras.

"En un examen tenía sobresaliente pero no había puesto tilde en etimológicamente y filosóficamente. Así que tuve que entregar cada palabra copiada 50 veces".

Simplificaciones alarmantes

Un elemento de simplificación se nos muestra a través del lenguaje ya que, en casi todos los relatos, se identifica el proceso de evaluación con el de la simple calificación. No suele plantearse la evaluación de la experiencia, la evaluación de la institución en la que se realiza, la evaluación del proceso...

Teniendo en cuenta la enorme complejidad de la evaluación, llama poderosamente la atención la simplificación abusiva que suele acompañar su práctica. La complejidad se encuentra en:

- la selección de contenidos que se tienen que evaluar
- la forma de hacer la comprobación del aprendizaje
- la fijación de criterios
- la aplicación de criterios
- la discusión de la aplicación
- el establecimiento de mínimos
- la atribución causal

"Un profesor nos decía que las pruebas objetivas eran científicas, que la puntuación no era discutible", que permitía saber de forma clara quién sabía y quién no".

Dice otro alumno:

"Teníamos una profesora que decía que tenía que haber un 25 % de suspensos, un 50 % de aprobados y un 25 % de notables y sobresalientes. Las notas tenían que ajustarse a ese patrón".

Comparaciones abusivas

Las comparaciones entre estudiantes, entre sus calificaciones, entre sus resultados, suelen estar presentes, con efectos nocivos para una de las partes, la que se refiere al extremo negativo de la comparación.

> "Tanto en el Colegio como en el Instituto siempre en las clases se sufría las comparaciones entre exámenes".
>
> "Recuerdo que en 3º de EGB el profesor nos colocaba de uno en uno de esta manera: el primero era el más listo y detrás de él estaban situados de más listos a más torpes. Cada viernes hacíamos exámenes. Según las notas, se volvían a colocar de más listos a más torpes. Yo me sentía fatal porque casi siempre estaba en el penúltimo sitio".

Arbitrariedades diversas

Es curioso observar cómo, por muy rigurosos que pretendamos ser los profesores al hacer la evaluación (tenemos criterios minuciosos, aplicamos esos criterios con pretendida objetividad, mantenemos la aplicación de forma severa cuando hay reclamaciones...), algunos alumnos tienen la sensación de que la calificación es un asunto de "suerte":

> "Tras haber sido evaluada en numerosas ocasiones, he podido comprobar que en las evaluaciones la nota que se obtenga en un examen depende en gran medida de la suerte, ya que dependiendo del estado de ánimo del profesor, de cómo sea el resto de los exámenes y de otros muchos aspectos obtendrás una calificación u otra".

Una de las quejas que frecuentemente plantean los alumnos es que los contenidos propuestos para estudio tienen poco que ver con lo que luego se plantea en el examen. Existe entonces una especie de trampa que consiste en exigir el estudio de un cuerpo de contenidos y enfrentarse al desconcierto de que el evaluador te pregunte por otras cosas diferentes a las que te mandó estudiar.

> "En una asignatura lo pasé fatal, pues se puede decir que estudié mucho para nada, pues el examen no tenía que ver con el contenido".

Los alumnos ponen ejemplos de arbitrariedad muy claros. El criterio que aplica el profesor no sólo no se comparte con el alumno sino que tampoco se da a conocer. Es decir que muchas pruebas de evaluación se realizan sin conocer qué criterios van a presidir su corrección. Una vez realizada, es infrecuente que se explique cuáles han sido esas formas de aplicación del criterio. Y, si hay discrepancia entre la forma de ver las cosas del profesor y el alumno, prevalece siempre la opinión del profesor.

> "Después de realizar un examen y de haberlo aprobado con buena nota, exactamente un notable, ésta me bajó a un aprobado porque durante la revisión de la libreta tenía un ejercicio sin corregir de todos los que había en el cuaderno (que eran muchos)".

Trampas tendidas

Algunos alumnos piensan que se les tienden trampas insidiosas para realizar la evaluación. Pedir una cosa y luego olvidarse de que se ha pedido, exigir el dominio de unos conocimientos y preguntar por otros, plantear unas demandas y tener en cuenta otras diferentes o contrarias.

> "El profesorado dice que no importa que contestemos con nuestras palabras. Es decir, que no hace falta decirlo tal y como viene en el libro o como ellos lo dicen, pero después, si no lo contestas así, te dicen que no está bien estructurado".

Una de las trampas más llamativas y más frecuentes es la relacionada con el comportamiento y las calificaciones. Este hecho se presenta en el ámbito macro del sistema y en la práctica concreta de cada aula. Se insiste en las leyes en que es muy importante la actitud, el comportamiento, los valores. Pero, realmente, lo único que importa es la calificación que procede de la evaluación del rendimiento en determinados saberes. Lo dice muy claramente esta alumna:

> "Nos han inculcado desde siempre la importancia del comportamiento como elemento influyente en nuestra nota y, a la hora de la verdad, sólo se ha prestado atención al número marcado".

Venganzas mezquinas

No cabe la menor duda de que el ejercicio de la evaluación encierra un poder que ejerce el profesorado sobre los alumnos/as. Lo suele ejercer omnímodamente porque decide cuál es el modo de evaluar (tipos de pruebas, fechas, horarios, criterios...). ¿Tiene el alumno libertad para formular una crítica, para llevar la contraria, para expresar sus opiniones opuestas a las del profesor sin correr el riesgo de recibir represalias? Cuando ha sido objeto de ellas suele cuidarse de tomar una postura que lleve consigo la asunción de riesgos.

> "La primera vez que suspendí un examen fue en la Facultad, en primero. Qué casualidad. Discutí en la clase porque la profesora era un excelente papagayo dando apuntes y le dije que si podía cambiar de método. Fue la única asignatura que suspendí y cuando fui a ver el examen tenía un 4.90. En septiembre era la única asignatura que tenía, pero no estudié y aprobé. Tengo claro que aprobé en junio".

Otro alumno comenta que recibió un suspenso porque no asistió a la cena que organizó una profesora por Navidad. Una cena en la que, al parecer, estaba muy interesada.

Un informante dice que no piensa reclamar una calificación porque tiene miedo a la represalia que, según es la profesora, no duda que llevará a cabo.

> "No reclamo por el temor que le tengo a la profesora y, además, por la represalia, puesto que la tengo en otra asignatura".

Favoritismo en las calificaciones

Los alumnos suelen ser extremadamente sensibles a las actuaciones parciales de los profesores. El favoritismo es un mecanismo que accionan, a juicio de los alumnos, causas muy diversas: la presencia de los padres en la escuela, la condición social de los padres, la simpatía de los alumnos, el "peloteo" que estos realizan...

> "Pienso que los profesores se guiaban por las personas. No era lo mismo una persona cuyos padres estaban inmersos en el Colegio que otras con menos recursos".

> "En general, la evaluación se rige más por cómo eres, por la capacidad, incluso por el peloteo que tengas con el profesor".

Las pruebas objetivas que utilizan algunos profesores y que tienen, por cierto, un nombre tan engañoso (si fueran realmente objetivas no habría resultados muy diferentes dependiendo de quién las construya, aplique y corrija) dejan al evaluador la idea de que los resultados son indiscutibles. Se parte del presupuesto de que esa es la única forma de saber lo que se ha aprendido y esa la única forma de corregir. Está muy claro, sin embargo, que la prueba objetiva nada dice de las capacidades de argumentación, estructuración, comprensión, creación, asimilación y crítica del evaluado.

> "Tras hacer un examen, que era tipo test (los alumnos suelen llamar tipo test a las pruebas objetivas) y en el que había que tener un total de 30 ítems acertados de los 50 que componían la prueba, este profesor suspendió a toda la clase, unas 120 personas, menos a 5 ó 6 compañeros que le caían bien".
>
> Dice otro alumno:
>
> "El enchufe es crucial en la evaluación sobre todo en casos como 'los padres conocen al profesor', 'es el hijo del médico'..."

El mismo alumno añade, insistiendo en este aspecto:

> "El que hace la pelota aprueba seguro"

El favoritismo puede manifestarse hacia un alumno o hacia un grupo más o menos grande:

> "Cuando estaba en 8º de EGB uno de mis profesores tenía un grupo predilecto y al resto de los alumnos nos trataba con un poco de desprecio"

El poder del etiquetado

Poner etiquetas es una práctica frecuente en la escuela. "Buen alumno", "mal alumno", "alumno brillante", "alumno desmotivado", "alumno torpe"... Las etiquetas tienen mucho que ver con las profecías de autocumpliento de las que hemos hablado anteriormente.

> "Ha vivido muy negativamente el hecho de no contestarte a una duda en el examen por el hecho de no ser de las buenas".

Procesos atributivos gratuitos

La evaluación tiene, entre otros, dos componentes muy distintos. Uno de comprobación, que responde a esta pregunta: ¿han aprendido lo que nos habíamos propuesto enseñar? Otro de carácter atributivo que responde a la siguiente pregunta: ¿Por qué no lo han aprendido? (Santos Guerra, 1998). Las explicaciones al fracaso de los alumnos suelen plantearse de manera unidireccional. Por culpa de los alumnos: son vagos, torpes, están mal preparados, están desmotivados, mal influenciados, poco ayudados por la familia...

> "Lo que más me dolió fue aguantar a un profesor que atribuía el alto porcentaje de suspensos de sus alumnos a lo malos que éramos sus alumnos, y no a él como profesor y a su mala práctica educativa".

3. Sentimientos más frecuentes

No se suele tener en cuenta la dimensión emocional que conlleva la práctica educativa institucional. Ni la de los alumnos ni la de los docentes ni la de los padres y madres. Unos son considerados por el sistema como "máquinas de enseñar" y otros como "máquinas de aprender". Y las máquinas no sufren, ni se alegran, ni se angustian.

> "Recuerdo desde siempre la evaluación como algo terrible, ya que me causaba y me causa muchos nervios, ansiedad y estrés".

Veamos algunos de los sentimientos más presentes en la vivencia de la evaluación por parte de los alumnos. Sería interesante saber qué es lo que les sucede en este ámbito a los profesores.

Desconcierto

Uno de los sentimientos más frecuentes es el desconcierto. Cada profesor tiene sus criterios que le parecen muy lógicos y justos. El problema está en que los alumnos contrastan los criterios de unos y de otros y las experiencias que tienen con unos y con otros. El efecto del contraste es el desconcierto.

> "Al recoger los resultados de varias asignaturas he podido comprobar que una asignatura de la que no tenía ni idea ni había aprendido nada la tenía aprobada y, sin embargo, otra en la que había aprendido mucho la tenía suspensa".

Sentimiento de injusticia

Es frecuente que tengan arraigado el sentimiento de injusticia. Piensan que una forma de evaluar impersonal, homogeneizadora, presionante, rígida, memorística, provoca situaciones injustas.

> "Al igual que todos mis compañeros he recibido calificaciones injustas en las que me esperaba una buena nota y me suspendieron".

La sorpresa es enorme. Parece que están participando en un sorteo de lotería. Frecuentemente no toca, pero cuando toca sientes una gran alegría. La calificación no es el fruto de la justicia, sino de un azar afortunado.

> "En septiembre abandoné dos asignaturas para prepararme una mejor, e incluso sacar una buena nota. Y tras salir contentísima del examen me encontré días más tarde con un suspenso. Y en febrero, cansada y aburrida, no me apetecía presentarme, pero al final estudié dos días y saqué notable".

Miedo paralizante

El miedo aparece entre los testimonios como un sentimiento que nace más de la forma de ser del profesor que del hecho mismo de la evaluación.

> "Recuerdo sobre todo un aspecto negativo de la evaluación. La profesora explicaba, mandaba hacer los ejercicios diariamente y el día que se le cruzaban los cables sacaba sus bolígrafos (por cierto, aún recuerdo cómo eran) y nos poníamos a temblar. Preguntaba de lo que había explicado durante varios días.

Lo que quiero decir con esto es que aunque estudiaras, la cara que ponía, las voces que daba a uno y a otro, te hacían sentirte como una mierda...".

Sentimiento de ridículo

La autoridad que tiene el profesor en el aula hace que los alumnos, sobre todo en edades tempranas, reciban la influencia de sus apreciaciones con mucho énfasis emocional. Es el caso de esta alumna que cuenta, entre otras, la siguiente experiencia, con esta apostilla final: "estas experiencias me han marcado bastante".

> "Un día hicimos un examen y yo lo suspendí con un 2, él me llamó a su mesa y me avergonzó delante de los demás, me peleó porque estaba acostumbrada a que sacara muy buena nota".

Una alumna hace referencia al hecho de recibir comentarios negativos en público debiendo, además, dar las gracias por ello.

> "'Usted no tiene ni idea, señorita', delante de una clase de 30 alumnos, encima de una tarima, sola y... encima tener que decir: muchas gracias, profesor".

4. Consecuencias más importantes

Se suele pensar poco en los efectos secundarios que tiene el modo de relacionarse y de actuar en las aulas y en las escuelas. Se buscan unos determinados objetivos y la evaluación suele consistir en la comprobación de su logro. No se suele hacer hincapié en los efectos que tiene esa forma de actuar.

Y, a veces, los efectos secundarios son más potentes que los pretendidos. Si conseguimos que los alumnos aprendan algunas nociones de física, de matemáticas, de literatura o de inglés, pero acaban odiando el aprendizaje, el problema ocasionado tendrá más envergadura que la escasez de conocimientos adquiridos. Si logran aprender algunos conceptos sobre las disciplinas que integran el currículum pero acaban atrofiando su capacidad de pensar, de opinar, de discrepar, de inventar o de proponer, habremos conseguido un efecto deplorable, independientemente de que hayan aprendido mucho.

No podemos olvidar los efectos que tiene el currículum oculto, que actúa de forma persistente, subrepticia y omnímoda sobre profesores y escolares. Los alumnos acaban aprendiendo, aunque no se pretenda enseñar, que sólo es importante el conocimiento sobre el que van a ser evaluados, que sólo es importante estudiar cuando se lo van a preguntar, que no se puede discrepar del pensamiento hegemónico exigido para tener éxito en las evaluaciones...

¿Qué efectos tiene la evaluación que realizamos en las aulas? ¿Qué consecuencias tiene la forma de evaluación que practicamos los profesores?

Algunos informantes hacen referencia a las repercusiones que ha tenido la evaluación de la que han sido objeto.

Desaliento ante el fracaso

Una de esas repercusiones es el desaliento, la desmotivación y el desinterés, incluso por asignaturas que inicialmente les gustaban.

> "Algo que me marcó bastante en el Instituto eran los exámenes de Inglés, para los cuales yo me inflaba de estudiar, ponía todo mi empeño y nunca encontraba satisfacción en la evaluación. No me daban ganas de seguir interesándome por esa asignatura a pesar de que me gustaba mucho".

Produce un efecto desmoralizador la actitud negativa de profesores para ayudar al alumno en sus dificultades de aprendizaje. El desinterés, la insensibilidad, la explícita negativa a echar una mano, resultan demoledoras.

> "Una vez pedí ayuda a un profesor para su asignatura Me dijo que tendría que dejarla y elegir otra. Pero el problema es que esa asignatura era obligatoria".

Después de una excelente trayectoria en un Centro una alumna cambia para hacer el COU y el desastre es total. Desaprueba casi todas las asignaturas.

> 'Me hundieron. Desde ese año no tengo miedo, tengo pánico a los exámenes. Tomé una decisión: cambiarme de Instituto. Repetí COU, saqué de nuevo sobresalientes...".

Olvido de lo aprendido

Una de las consecuencias que se plantean en los textos que han elaborado los alumnos es la del olvido de todo lo que han estudiado para la realización de un examen, especialmente cuando ha sido aprendido de forma memorística. Es curioso observar en el siguiente relato que el informante habla de aprendizaje cuando el conocimiento permanece en el incorporado a la persona que aprende. Piensa que no se ha aprendido verdaderamente aquello que inmediatamente se olvida.

> "Para mí, lo más significativo ha sido que la mayoría de las veces (por no decir siempre) no he aprendido nada de lo que me he evaluado. Es decir, lo que me he estudiado (memorizado) para la evaluación después lo he olvidado".

Abandono de los estudios

El abandono de los estudios es una de las consecuencias graves que tiene un modo de realizar la evaluación despersonalizado o, digámoslo así, demasiado exigente.

Hay personas que acaban asimilando los planteamientos negativos del evaluador y hacen suyas las descalificaciones. Cuando alguien dice "tú no vales", se presentan grandes dificultades para obtener el éxito. Pero cuando se asume y se acaba diciendo "yo no valgo", no hay solución. No hay mayor opresión que aquella en la que el oprimido mete en su cabeza los esquemas del opresor.

> "A mí me dejó una clara visión de injusticia, aparte de desmoralizarme e incluso abandonar los estudios por un tiempo debido a un equivocado etiquetaje. Además, incluso me llegaron a ridiculizar delante de todos mis compañeros."

Estrés e inquietud

Cuando todo se juega a una carta, cuando todo depende de un examen, es más fácil que surja un estado de ansiedad que surte el efecto contrario al que se necesita para poder hacer una prueba en buenas condiciones.

> "He vivido dimensiones negativas de la evaluación como el estrés, la inquietud, la ansiedad, la competitividad y el anhelo injusto por destacar".

Destrucción del autoconcepto

Mediante la reiterada atribución de etiquetas hecha por quien tiene poder, los alumnos van adquiriendo la idea de que no tienen capacidad, de que no sirven, de que no valen para estudiar, de que no son capaces. La institución y los profesionales que debían estimular el autoconcepto y ayudar a crecer, utilizan su fuerza para aplastar y desmoralizar.

> "Hacerme sentir torpe, mala estudiante, sin esperanzas en el mundo estudiantil, debido a que todo lo que presentaba (reflexiones, redacciones, comentarios de texto...) estaba mal, es decir, nunca daba en el clavo y, por supuesto, en los exámenes obtenía suspenso ya que en mi nivel no podía esperarse algo más".

Contrato de profesores particulares

La contratación por parte de la familia de profesores particulares es otra consecuencia de la evaluación, casi siempre del fracaso en la evaluación. La decisión de tener un profesor particular está a veces en la familia. Pero en otras ocasiones es el mismo profesor institucionalizado el que aconseja a la familia que un profesor particular es la solución para los problemas de aprendizaje de su hijo. Tener un profesor particular de forma permanente es una parte decisiva del etiquetado.

> "Me pasé todo el verano estudiando como una loca con profesor particular incluido. Salí contenta del examen, pero la calificación fue Insuficiente".

5. Cerrando la puerta

Planteaba al comienzo algunas exigencias del aprendizaje sobre la propia experiencia. Después de escribir estas páginas quiero plantearme con el lector otra pregunta que, de tener una respuesta negativa, haría infructuoso este artículo. ¿Se puede aprender en cabeza ajena? Mi respuesta es afirmativa, pero también con algunas condiciones o exigencias.

Hacerse preguntas sobre la práctica de manera que podamos buscar y encontrar respuestas de mejora.

Vivir humildemente la práctica haciendo autocrítica y entendiendo las experiencias ajenas como una interpelación crítica de ayuda.

Mantener una disposición afectiva hacia la práctica profesional y hacia las personas.

Activar la actitud optimista sobre la posibilidad de la mejora de la actividad

Lo que está escrito en la piel puede ser leído porque expresa ideas de manera más fuerte y más clara que lo que está escrito en el papel. Sólo aprende el que quiere. El verbo aprender, como el verbo amar, no se puede conjugar en imperativo. Lo que está escrito en la piel de los otros también puede enseñar a quienes leen desde fuera si tienen la capacidad de empatía necesaria y la voluntad decidida de ser mejores.

Corazones, no solo cabezas en la Universidad: los sentimientos de los estudiantes ante la evaluación

Se diría, por el modo que tenemos de actuar, que los profesores somos máquinas de enseñar y los alumnos, máquinas de aprender. Que los docentes somos máquinas de evaluar y los aprendices, máquinas que son evaluadas. Pero no personas con sentimientos y emociones. Lo cierto es que lo somos. Y ese hecho condiciona toda la vida y todo el quehacer. Para bien o para mal. Un estudiante angustiado difícilmente alcanzará buenos resultados. Un estudiante desanimado ante el fracaso tendrá dificultades para estudiar. Cuando el constructivismo plantea los requisitos necesarios para que se produzca un aprendizaje significativo y relevante dice que el conocimiento debe tener lógica interna (estructura, coherencia y sentido) y lógica externa (conexión con los saberes previos del aprendiz). Y añade, como requisito básico, el hecho de que exista una disposición emocional favorable al aprendizaje.

Solo aprende el que quiere. Por eso es tan compleja la tarea docente: porque no se trata solo de transmitir con rigor el conocimiento, sino de despertar el deseo de saber. La profesión docente gana autoridad por el amor a lo que se enseña y el amor a quienes se enseña.

Esto es especialmente verdad en el ámbito universitario. En otros niveles del sistema educativo parece contar más la esfera de los sentimientos. En la Educación Infantil, por ejemplo. Se puede decir que, a medida que se va ascendiendo en el sistema educativo, se va descendiendo en la consideración de la dimensión emocional del aprendizaje. Una lástima. Un error.

En mi libro *Arqueología de los sentimientos en la escuela* (Santos, 2006) digo que las instituciones educativas han sido el reino de lo cognitivo, pero que deberían ser también el reino de lo afectivo. No solo porque esta dimensión de la persona es fundamental para ser y para vivir sino porque es, como decíamos, esencial como requisito del aprendizaje.

En el ya lejano 1978 escribió Alexander Neill, fundador de la escuela de Summerhill, un pequeño libro que leí casi con fervor en mis años jóvenes. Se titulaba *Corazones, no solo cabezas en la escuela.* Hoy, tantos años después, me he permitido utilizar ese título para encabezar esas líneas, haciendo referencia a la etapa universitaria.

Phillipe Perrenoud escribió en 2001 un breve pero enjundioso artículo titulado "L´éccole ne sert à rien!". En el término escuela incluye cualquier institución educativa. Por consiguiente, también la Universidad. Dice textualmente:

> "Bin Laden y los terroristas son personas muy instruidas. Como la mayoría de tiranos y fanáticos. Como la mayor parte de aquellos que organizan el crimen. Como los dirigentes de las multinacionales que juegan con el dinero de los accionistas y se burlan de los usuarios así como del bien público. Entre los doce dignatarios nazis que decidieron crear los campos de exterminio, más de la mitad tenían un doctorado. Los acontecimientos que agitan y asolan el mundo prueban una vez más que un alto nivel de instrucción no garantiza nada en el orden de la ética".

Tiene que ver lo que digo no solo con el proceso de aprendizaje sino con la aplicación del mismo a la realidad. No hay conocimiento útil si no nos hace mejores personas. Si todo lo que se aprende en las Universidades sirviera para aplastar, dominar, engañar y robar mejor al prójimo, más nos valdría cerrarlas. Lo que estaríamos consiguiendo en ellas sería hacer más sofisticada la ley de la selva. Cuando no existían esos elevados aprendizajes, el más fuerte físicamente dominaba y extorsionaba al más débil. Con estos aprendizajes, ahora, el que más sabe engaña al que no sabe. De forma más contundente: fueron médicos muy bien preparados, ingenieros muy bien formados y enfermeras muy capacitadas en su oficio, los profesionales que diseñaron las cámaras de gas en la Segunda Guerra mundial. ¿Sabían mucho? Sin duda. Pero sus víctimas no se alegraron de las matrículas y sobresalientes con los que premiaron las instituciones educativas la adquisición de los aprendizajes.

Si los grandes triunfadores del sistema educativo que son quienes han llegado más alto, es decir, quienes gobiernan los pueblos, no se muestran preocupados por acabar en el mundo con la opresión, la miseria, la injusticia y la ignorancia, ¿por qué hablamos de éxito del sistema educativo?

1. La evaluación de los aprendizajes

La evaluación es un elemento del currículum de extraordinaria importancia. Porque el conocimiento académico tiene valor de uso (a veces un tanto discutible) y tiene valor de cambio. Este último, indiscutible. Si demuestra alguien que lo ha adquirido, se le canjea por una nota. Como hay que tener éxito y el éxito se alcanza a través de la evaluación, resulta muy importante hacerla bien.

Hay que tener cuidado con el lenguaje. Porque el lenguaje es como una escalera que nos permite subir hacia la comunicación y la liberación, pero por la que frecuentemente bajamos hacia la confusión y la dominación. El problema fundamental no es que no nos entendamos sino creer que nos entendemos cuando decimos cosas muy diferentes e, incluso, opuestas y hasta contradictorias.

Hay quien confunde evaluación con calificación. Y hay quien mezcla los conceptos de evaluación que, en otras lenguas, como el inglés, tienen nombres diferentes. Si en la librería Dilons de Londres preguntas por libros sobre evaluación, es probable que muestren cierta sorpresa y que pidan especificaciones: no es igual pedir libros sobre *assessment* (medición de resultados de los alumnos a través de pruebas estandarizadas con el fin de elaborar rankings), que sobre *accountability* (evaluación por auditoría, responsabilización social), que sobre *appraisal* (evaluación del desarrollo profesional), que sobre *self evaluation* (autoevaluación)... Sin embargo, en castellano utilizamos para todo la palabra evaluación. Por eso resulta fundamental que pensemos a qué tipo de evaluación nos estamos refiriendo o, mejor dicho, a qué estamos llamando evaluación.

La evaluación permite poner sobre el tapete todas nuestras concepciones, principios y actitudes. Bien se podría decir: dime cómo evalúas y te diré qué tipo de profesional y de persona eres (Santos, 2015). En efecto, si un profesor tiene la concepción de que la enseñanza es la tarea de escanciar agua de un recipiente lleno en uno vacío, la evaluación consistirá en preguntarse cuánta agua hay en la copa. Pero si piensa que la enseñanza consiste en hacer que el aprendiz sepa buscar por sí mismo manantiales de agua, en enseñarle a distinguir el agua potable de la contaminada y de conseguir que comparta el agua potable que encuentra con quienes se mueren de sed en lugar de dedicarla a llenar su piscina y a instalar fuentes ornamentales en el jardín de su casa, la evaluación será un proceso más exigente y más complejo.

La forma de hacer la evaluación desvela también cuáles son nuestras actitudes. No es igual la evaluación que realiza un profesor con una actitud sádica que la que plantea otro que tiene hacia sí mismo, hacia la tarea y hacia los alumnos y alumnas una actitud emocionalmente equilibrada. Lo mismo habría que decir del alumnado. Sabremos cómo es en la medida que observemos y comprendamos su comportamiento ante la evaluación. En el seno de una cultura neoliberal, dominada por el individualismo, la competitividad, el relativismo moral, la obsesión por los resultados, la hipertrofia de la imagen, el olvido de los desfavorecidos y la privatización de bienes y servicios, no resulta fácil avanzar contracorriente. No hay muchos estudiantes universitarios con actitudes, concepciones y prácticas contrahegemónicas.

Tiene también que ver, por supuesto, con los principios. La evaluación, más que un fenómeno técnico (que lo es), es un fenómeno ético. A unos les beneficia y a otros les perjudica, sirve a unos valores y destruye otros. La obsesión por los resultados hace que se considere más importante aprobar que aprender. Y, para aprobar, puede servir cualquier medio.

Una evaluación de naturaleza pobre genera un proceso de enseñanza y aprendizaje pobre. Sostiene Doyle (1979) que en una clase puede haber tareas diversas: memorísticas, algorítmicas, de comprensión, de análisis, de comparación, de opinión, de creación. A nadie se le oculta que, siendo todas necesarias, están ordenadas de menor a mayor rango intelectual. Sin embargo, si comprobásemos de qué tipo de tareas hay más en las evaluaciones, me temo que el orden sería el inverso al deseable.

La evaluación tiene un componente de comprobación extraordinariamente complejo. Consiste en cerciorarse con rigor de que los conocimientos que tenía que adquirir el alumno han sido realmente adquiridos, si las destrezas o habilidades que tenía que dominar han sido desarrolladas y de que las actitudes que tenía que cultivar han sido asimiladas. Componente complejo porque no resulta fácil comprobar con rigor esa adquisición. Se ha demostrado (Fernández, 2005) que para que haya rigor en la corrección de exámenes de ciencias harían falta por lo menos doce correctores. Y que para que haya rigor en la corrección de exámenes de letras harían falta más de cien. (Dejo al margen la cuestión de qué es lo que se ha enseñado y cómo, el peliagudo tema de la elaboración de la prueba y el problemático asunto de las condiciones en que se realiza...)

La evaluación tiene otro componente más complejo que es el de atribución o explicación (Santos, 1998). Consiste en explicar por qué no se ha producido el aprendizaje. Cuestión fundamental para poder mejorar las prácticas evaluadoras. Porque si atribuimos todas las causas a agentes externos al proceso de enseñanza, será imposible mejorarlo. Si decimos, por ejemplo, que los alumnos son torpes, que son vagos, que están mal preparados, que no saben estudiar, que están desmotivados, que no se concentran... Si explicamos el fracaso diciendo que las condiciones son malas, las autoridades perversas, los tiempos insuficientes, las familias despreocupadas... Si justificamos el fracaso diciendo que el contexto es malo, la estructura organizativa inadecuada, los medios insuficientes... En definitiva, si nada nos preguntamos sobre nosotros mismos, es imposible que podamos mejorar.

Dice Bain (2008) en su interesante libro *Lo que hacen los mejores profesores universitarios* que estos profesores excepcionales "nunca atribuyen a sus alumnos las dificultades que encuentran en el aprendizaje".

La evaluación encierra poder. Y el poder puede ser utilizado de forma arbitraria y cruel. Convendría instalar mecanismos de participación que sirviesen de control y asegurasen el dominio de la ética. El abuso de poder causa dolor.

En el año 2014 se leyó en la Universidad de Málaga una tesis doctoral (Torres, 2014) sobre la evaluación de los aprendizajes en la Enseñanza Superior que yo había dirigido durante varios años. En las conclusiones puede verse de forma palmaria cómo la participación del alumnado en el proceso evaluador es uno de los elementos más eficaces de mejorar cualitativamente y éticamente la evaluación.

2. La evaluación, crisol de sentimientos

Quiero reflexionar en estas líneas sobre las repercusiones emocionales que tiene el proceso de evaluación. Ya abordé esta cuestión en otro artículo (Santos, 2006) en el que planteé algunas ideas y conté algunas experiencias sobre las repercusiones emocionales de la evaluación en el alumnado universitario. En otro momento y lugar habrá que abordar la cuestión de los sentimientos de los profesores y de las profesoras al realizar la evaluación. También nosotros vivimos emociones y sentimientos diversos, pocas veces explorados.

Son evidentes las repercusiones pragmáticas de la evaluación: se pasa o no se pasa curso, se obtiene una beca, se consigue la matrícula gratuita... Pero no son tan evidentes las repercusiones psicológicas. A través de los resultados de la evaluación, se fragua el autoconcepto. Hay quien acaba pensando que es torpe porque los resultados de la evaluación han sido malos. Hay quien sufre el dolor del desaliento ante un fracaso que sigue a un gran esfuerzo.

He pedido durante estos últimos años a mis alumnos del master "Políticas y prácticas de innovación educativa" en el Departamento de Didáctica y Organización Escolar de la Facultad de Ciencias de la Educación de la Universidad de Málaga, en donde imparto la asignatura "La evaluación como aprendizaje", que escriban cuál ha sido su experiencia en los procesos de evaluación que han vivido a lo largo y ancho del sistema educativo. Es muy importante reflexionar de formar crítica sobre lo que se ha vivido. No nos hace mejorar la experiencia en sí misma, sino reflexionar críticamente sobre ella.

He elegido, entre los numerosos y significativos relatos, algunos que creo especialmente relevantes. En todos ellos tiene una dimensión determinante el componente emocional. Se trata de experiencias cargadas de significado que han marcado la vida (no solo profesional) de sus protagonistas. Se fragua la actitud de los estudiantes universitarios a través de todas las experiencias vividas en el sistema educativo previamente, que luego se cristalizan en la experiencia de la enseñanza superior, que sirve de crisol.

Por eso abordaré algunas experiencias universitarias y otras vividas en etapas anteriores que han dejado un poso en los actuales estudiantes de Enseñanza Superior. El sistema es un continuum cuyas bisagras, algunas veces, no están bien engrasadas.

Hay que tener más presentes los efectos secundarios que tienen las actividades docentes y, entre ellas, la evaluación. Efectos que, en ocasiones, son más importantes que los pretendidos. Alguna vez he puesto el ejemplo de los efectos secundarios de los medicamentos: te curan una dolencia pero te producen unos daños que, a veces, son incomparablemente más graves.

Hace unos años tuve un pequeño eccema en el cuello. Le pregunté a un amigo médico si tenía importancia y me respondió con palabras tranquilizadoras.

–¿Me vendría bien aplicar algún remedio, alguna pomada, por ejemplo? –pregunté.

–Sinceramente, no hace falta pero, si quieres, puedes comprar "Gelidina", una pomada que es muy suave y puede aliviarte y propiciar la rapidez de la curación.

Compré la "Gelidina" en una farmacia y, más por entretenerme que por otra cosa, leí en el prospecto las contraindicaciones de la pomada. Me llevé un susto. Porque leí lo siguiente:

> "En caso de aplicación reiterada de corticoides tópicos se ha descrito la aparición de los siguientes efectos secundarios locales: quemazón, picor, irritación, sequedad, foliculitis, hipertricosis, hipopigmentación, dermatitis perioral, dermatitis alérgica de contacto, maceración dérmica, infección secundaria, atrofia cutánea, estrías, miliaria".

Tiré la pomada a la papelera. "Prefiero seguir con mi eccema hasta la vejez, me dije, antes que arriesgarme a que me pasen estas cosas que ni sé lo que son". Lo que pasa es que los alumnos tienen que aplicarse la Gelidina quieran o no y arriesgarse a padecer los efectos secundarios.

Por eso insisto tanto y tantas veces en la necesidad de que la formación y la selección de los docentes sean buenas. Es decir, exigentes y rigurosas. Los profesionales de la enseñanza no van a trabajar con productos sino con personas en fases delicadas de su desarrollo.

Menos uno con diecisiete

Una alumna cuenta que, cuando era estudiante de Secundaria, una profesora calificó un examen suyo con la siguiente nota: –1.17. Es decir, que tuvo menos de cero. Ella sacó la conclusión de que no solo era inútil para el aprendizaje sino menos que inútil. Lo dice ahora sonriendo con la madurez de sus años, pero hay que pensar en lo que eso pudo suponer para una niña que tenía como referente de su valía y de su capacidad aquello que le decía su profesora. Porque le asignó esa calificación una profesional que supuestamente tenía todas las claves para calificar con rigor.

La cifra con decimales parece ser fruto de la ciencia, de la precisión, de la más estricta justicia. No digo que no tenga que haber calificaciones bajas, no digo que no tenga que haber exigencia, no digo que todos tengan que aprobar aunque no sepan, pero es difícil imaginarse qué es lo que no hay que saber de un tema para obtener una puntuación inferior a cero. Tener un cero es ya significativo. El alumno (la alumna en este caso) no sabe nada de lo que tiene que saber. Pero, ¿qué quiere decir menos de cero?

Existe otro factor que agrava la repercusión de las calificaciones. Es la comparación que se establece con los compañeros. Al lado de esta chica que obtiene un –1.17 está otra calificada con un 9.75 y otro que obtuvo un 8.67. Se establece una escala comparativa en la que algunos o algunas pueden quedar dañados.

Ella habla de la repercusión psicológica que tuvo esa nota. Años después, lo recuerda con amargura. Dice textualmente en un texto en el que habla de sus experiencias con la evaluación: "Todo esto hizo que estuviera días sin querer ir a clase y le dijera a mi familia que yo no era tonta, era más que tonta, porque no llegaba ni al cero". No me sorprende que la calificación tuviera esos efectos devastadores que la alumna comenta en su escrito. Son efectos secundarios que no se buscan pero que están ahí.

Esa puntuación de –1.17 tiene que ver más con el ensañamiento que con la justicia. Más con el sadismo que con el rigor. Más con el castigo que con la exigencia. Cuesta imaginar de dónde salen esos números negativos con los que algunos docentes califican los trabajos. ¿Es consecuencia de los errores?, ¿de la ignorancia supina?, ¿de las faltas de ortografía?, ¿de la mala letra?, ¿de la mala actitud?, ¿de no poner el nombre y la fecha del examen?, ¿de los intentos fallidos o exitosos de copia? En el caso de esta alumna tenían que ver, al parecer, con las faltas de ortografía. En cualquier caso: ¿no hubiera sido más que suficiente un cero?

Se ha reflexionado mucho sobre el rigor de las calificaciones, pero poco sobre la repercusión que estas tienen sobre sus receptores. ¿Cómo son percibidas?, ¿qué efectos tienen sobre la autoestima y el autoconcepto?, ¿qué sentimientos provocan?, ¿a qué tipo de comportamientos dan lugar?...

Algunos alumnos se desaniman hasta el punto de no querer seguir estudiando. Otros acaban con su autoconcepto y su autoestima pensando que no son capaces de aprender lo que necesitan saber. Otros se sienten humillados por comparaciones injustas. He visto reacciones de una gravedad extrema que han propiciado tentativas de suicidio. Los estudiantes rumian estas repercusiones en silencio. Pocas veces se dialoga sobre ellas. Casi nunca son objeto de análisis.

Profecías de autocumplimiento

Reflexiona otra alumna sobre el problema de los errores y de las repercusiones de los mismos en los alumnos evaluados. Se habla de errores de múltiples tipos, desde el autoritarismo hasta la frivolidad. Desde la falta de rigor en las correcciones hasta las comparaciones improcedentes. La evaluación de los alumnos en las instituciones escolares es una de las cuestiones más problemáticas. En realidad, pone sobre el tapete todas nuestras concepciones sobre la sociedad, la escuela, la tarea docente, el aprendizaje y la enseñanza.

Entre las muchas intervenciones me llama la atención la de una alumna que cuenta su experiencia en la antigua Enseñanza General Básica. Dice que tenía un profesor que periódicamente le repetía: "Tú no llegarás nunca a nada", "Tú no obtendrás el título", "Tú...". Le pregunto: ¿Qué pensabas, qué sentías, cómo reaccionabas ante tamaña profecía? La alumna responde con aplomo: "Yo mostraba mi dedo corazón en un gesto de rebeldía y de rabia".

Ese dedo salvó a esta alumna del fracaso y del abandono de los estudios. Lo cuenta mientras cursa el master citado en la Facultad de Ciencias de la Educación. Si hubiera aceptado aquel vaticinio, si hubiera dado por buena la predicción pesimista de su profesor, no se hubiera graduado.

Cuenta la alumna que, en su etapa de prácticas, visitó su antiguo Centro en el que todavía impartía clases el desafortunado profeta. Le recordó aquellos encuentros (a los cuales acudía en compañía de sus padres) y sus frases de triste recuerdo. El profesor le replicó:

–Es el único caso en que me he equivocado.

Pensábamos en la clase: ¿No tendrá responsabilidad alguna ese maestro en los fracasos que había anunciado?, ¿no resulta inadmisible que se paguen sueldos a personas que se dedican a poner sobre las cabezas de los alumnos un techo que les hace mirar hacia el suelo?

Este caso se repite una y mil veces en las aulas (y, a veces, también en las casas teniendo como protagonistas a padres e hijos). Las profecías de autocumplimiento jalonan la tarea educativa. Muchos alumnos acaban siendo aquello que los demás esperaron que fueran.

La actitud de rebelión de esta chica, su confianza en sí misma, su esfuerzo para seguir adelante frente a las predicciones pesimistas y a los malos augurios constituyen un ejemplo admirable. El caso que nos ocupa tiene dos caras. Una se refiere a su actitud inteligente y esforzada. A la capacidad de decir: "no lo acepto", "no me lo creo", "no voy a obrar dando la razón a quien no la tiene". La rebeldía frente a las condenas y a las descalificaciones es imprescindible para no ser aplastados por quienes utilizan el poder y el conocimiento para aplastar, para impedir el crecimiento.

La otra cara de la cuestión es la actitud de quienes se empeñan en poner zancadillas en la vida de los otros. En lugar de alentarlos para que se superen, ponen obstáculos en su camino. El principal obstáculo es el que lleva a la persona al convencimiento de que no vale para nada, de que aunque lo intente no lo podrá conseguir.

Hay apreciaciones negativas que pesan como una losa sobre la espalda de las personas minusvaloradas. Hay comparaciones esterilizantes que dejan a la persona contra las cuerdas de la desconfianza y de la incapacidad. No todos valen para todo, es obvio. Pero de ahí a poner etiquetas como si se tratase de revelaciones infalibles, hay una distancia muy grande.

¿Quiénes ponen zancadillas en la construcción del autoconcepto de las personas? Lógicamente aquellas personas que tienen una mayor influencia sobre los destinatarios de las premoniciones: los educadores.

He aquí la clave. Si la educación es algo, es, sobre todo, comunicación. Y si hay una comunicación que ayuda a crecer y a desarrollarse de forma sana y equilibrada es el amor. De ahí mi decidida invitación a quien reciba un vaticinio aplastante: "¡El dedo corazón!

Los efectos de la frialdad

Uno de los alumnos relata una experiencia cargada de crueldad. Había estado matriculado en una Universidad de ciencias, cuyo nombre voy a omitir. Le quedaba una asignatura para salvar el curso y para poder continuar en la institución. Preparó a conciencia el examen que le quedaba. Era un estudiante responsable y esforzado.

Llegada la hora del examen puso el mayor empeño en la solución de los problemas matemáticos. Salió relativamente satisfecho ya que de los tres problemas hizo dos correctamente y cometió algún error en el tercero, aunque creyó haber enfocado bien el desarrollo.

Esperó con ansiedad las notas. Cuando vio el suspenso se llevó una sorpresa y un gran disgusto. Fue a revisar el examen con la esperanza de hacer valer sus razones.

–No vengo a pedir ningún favor. Creo que el examen merece un aprobado, ya que dos problemas están bien resueltos y en el tercero he cometido error, sí, pero he planteado bien la cuestión central. Solo me faltan unas décimas para aprobar, que creo se pueden conseguir del enfoque que he hecho en el tercer problema.

Le habló al profesor de las consecuencias tremendas que tenía el suspenso. Se mostró decidido a repetir el examen. Estaba seguro de dominar la asignatura. No hubo solución. Tuvo que abandonar los estudios.

Cuando el alumno insistió al profesor sobre las nefastas consecuencias de la nota, el profesor contestó:

–Ese es tu problema.

El alumno dice que lo que más le dolió, más incluso que la injusticia, fue la frialdad del profesor.

Acudió al decanato de la Facultad y allí le dijeron que había un grupo de profesores en esa asignatura que se habían empeñado en hacer de ella un tapón para los estudios de la especialidad. Nada se podía hacer desde el decanato para que modificaran esa actitud.

El calvario de la reclamación

Recuerdo que, en una clase de evaluación pedí que levantasen la mano quienes se hubiesen sentido alguna vez injustamente calificados. Levantaron la mano casi todos. Luego solicité que volviesen a levantar la mano quienes habían hecho algo para reclamar la revisión. De un grupo de más de cien, solo levantaron la mano tres o cuatro. Pregunté por las causas de la resignación. Dijeron, entre otras cosas lo siguiente: que no tenían ninguna confianza en los procesos, que los profesores se molestaban cuando iban a pedir una revisión del examen, que habían oído el relato de malas experiencias, que habían detectado un fuerte corporativismo en la reacción del profesorado…

En los relatos que he recogido sobre las experiencias vividas por los alumnos y alumnas en la evaluación, me encuentro con la siguiente historia, cargada de sentimientos negativos.

Una alumna centra su experiencia en el calvario que tuvo que sufrir para hacer la reclamación de la nota de un examen. Acude al Director del Departamento para preguntar por el procedimiento que debe seguir para hacer una reclamación de la calificación de un examen y sobre las posibilidades que tiene de salir con éxito. El Director le explica el proceso y le dice que eran pocas las posibilidades de éxito pero que le podía garantizar que el proceso respetaría todas las exigencias de un trámite justo.

Se forma una comisión integrada por docentes de esa misma asignatura. Hacen entrevistas a la evaluadora y a la evaluada, piden exámenes que han sido aprobados, analizan las respuestas... y concluyen aprobando a la alumna.

El Departamento ratifica la decisión de la comisión pero la profesora no la acepta y acude a los tribunales de justicia. Entretanto, un docente le sugiere que ella puede matricularse en su asignatura y, sin más que la matrícula, la aprobaría.

Ella duda entre el pragmatismo de la solución fácil y el largo camino de la espera y de la incertidumbre. Y elige este último porque entiende que, si nadie avanza en esa dirección, será imposible cambiar el statu quo.

En el relato de la alumna hay cuestiones de una tremenda dureza. Dice, por ejemplo, que observó en el examen faltas de ortografía camufladas que la profesora había escrito sobre su letra para empeorar la valoración de su examen.

Un largo camino de sufrimiento, de espera y de injusticia, desde la perspectiva de esta alumna, empeñada en que se hiciese justicia. No es lo más frecuente.

La evaluación como tortura

Decía más arriba que la evaluación encierra poder. Todo tipo de evaluación. La de alumnos, la de instituciones, la de sistemas. El abuso puede tener lugar durante el proceso o a través de la utilización injusta de los resultados. Cuando hay poder, existe el riesgo de abuso de poder.

Les pregunté a mis alumnos de la asignatura de evaluación qué experiencias habían vivido en el sistema educativo durante el proceso de evaluación. Fue doloroso comprobar que de esas experiencias que les pedí que contasen no hubiera ninguna positiva. Por el contrario, hubo muchas que hablaban de dolor, de angustia, de sensación de fracaso, de injusticia...

Podría multiplicar los testimonios que hacen referencia al sufrimiento, a las comparaciones, a las represalias, a la sensación de injusticia, a las arbitrariedades, a los engaños... No digo con estos testimonios que los profesores y las profesoras lo hagamos siempre mal. Digo que tenemos que pensar en estas vivencias de los alumnos y de las alumnas.

Este no es un artículo contra el profesorado sino sobre el profesorado. Una invitación a la reflexión y a la autocrítica. Tenemos un arma en la mano y debemos pensar si la utilizamos con cuidado y acierto. Un cuchillo puede servir para curar, pero también para herir. El mundo de los sentimientos está silenciado o ignorado muchas veces en la educación. Tanto el de los profesores como el de los alumnos.

Acabo de leer un estupendo libro de Kamila Shamsie (2009) titulado "Sombras quemadas". Voy a reproducir un párrafo, a pesar de su longitud, referido a uno de los protagonistas de la novela, un magnífico estudiante:

> "El pánico que le sobrevino cuando echó una ojeada a las preguntas no era nada nuevo. Durante años había tenido esa sensación de caída libre mientras iba saltando con la mirada de una pregunta a la siguiente, incapaz de leer ninguna de cabo a rabo, de modo que las palabras y frases de diferentes enunciados se solapaban en su mente y acababan creando un amasijo ininteligible. Entonces se esforzaba por recuperar la calma y concentrarse: si leía más despacio, las palabras cobrarían sentido y podría escribir todas las respuestas. A veces, el pánico le duraba más de lo normal y necesitaba leer las preguntas tres o cuatro veces para entenderlas. Pero la tarde de la última prueba de su vida de colegial no había podido. El revoltijo de palabras solo se hizo más y más indescifrable; cuando intentaba leer, únicamente veía manchas de luz ante sus ojos, y no paraban de venirle a la cabeza respuestas absurdas en japonés a cuestiones que ni siquiera entendía. Era consciente de que debía calmarse, de que el pánico solo engendraba pánico, pero entonces recordó que aquel examen era obligatorio, y que, si no lo aprobaba, suspendería todo. ¿Cómo podría volver a mirar a su padre a los ojos? En cuanto pensó en Sajjad Ashraf (el rostro confiado y expectante) se quedó en blanco. Y a continuación ya estaban recogiendo los exámenes. Así, sin más. Y él no había empezado…".

Y páginas más adelante:

"La segunda vez había sido incluso peor que la primera. Ya antes de entrar en la sala, había perdido la facultad de entender: cuando se dirigía a examinarse en autobús, al fijarse en las carteleras y los graffiti vio que las palabras se le desenfocaban. Y cuando el examinar dijo que podían empezar a escribir, su corazón latía con tanta fuerza que temió que fuera a salírsele del pecho No entendía nada. Ni siquiera era capaz de sostener la pluma. A los cinco minutos, salió de la sala y volvió a casa, incapaz de mirar a sus padres a los ojos cuando lo vieron entrar y se dieron cuenta de que era muy pronto, demasiado para que hubiera acabado la prueba…".

He recurrido a una novela para citar un testimonio aunque estoy convencido de que en el libro de la vida podríamos encontrarlos a miles.

¿Cuántas personas han sufrido la tortura de la evaluación?, ¿cuántas personas se han sentido angustiadas antes y maltratadas después de la evaluación?

Hace unas semanas, en un curso impartido a docentes de diferentes Facultades de la Universidad de Granada, una profesora levantó la mano para decir que un alumno, al comienzo de un curso, respondiendo a la pregunta que ella les había formulado sobre sus expectativas, dijo: "¡No sufrir!".

Es una modesta aspiración, pero muy clara y muy significativa. Esa demanda revela una historia de dolor y de angustia. Creo que nuestra actitud debe ser sensible hacia el dolor gratuito. Se puede exigir e, incluso, reprobar con respeto. Se puede exigir con dureza y reprobar con arrogancia. No abogo por la blandura y la falta de exigencia sino por el respeto y por el amor.

¿Y el alumnado? Me preocupa la falta de participación en el proceso y la enorme pasividad ante situaciones injustas.

3. Evaluar con el corazón

Me he encontrado recientemente con dos casos de docentes, uno de ellos de Universidad, que me han hecho pensar y que, a la vez, me han producido dolor.

Hay que evaluar con la cabeza pero también con el corazón. Porque detrás de ese boletín de notas hay una persona, una familia, una historia que pueden saltar por los aires. Permítaseme decir, antes de continuar, que no se mina la autoridad de los docentes cuestionando su labor sino respaldándola de forma incondicional, aunque sea discutible. No se pierde la autoridad reconociendo los errores sino defendiéndolos a capa y espada.

En los dos casos a los que hago referencia el sufrimiento es el denominador común. El sufrimiento de los evaluados, claro. Se piensa pocas veces en la esfera del sentimiento. Puede existir sufrimiento en la actividad de la evaluación por parte de quien la realiza, claro. Y a ese respecto he de decir que nunca he entendido muy bien a quienes desaprueban mucho, pero menos a quienes disfrutan cuando lo hacen. Es como si un cirujano estuviese más contento mientras más cadáveres salen del quirófano. Le consideraría un incompetente y, además, un desalmado.

Y, ¿por qué encierran tanto dolor estos casos? Porque en los dos existe una preocupante actitud de dureza de los respectivos evaluadores. Los docentes se han mostrado inflexibles en sus decisiones de reprobar, a pesar de las demandas de los alumnos, de los colegas y, en un caso, de la familia. Y, además, porque las consecuencias de los resultados acarrean unos daños gravísimos para los evaluados y para sus familias.

Los dos casos claman al cielo. Un alumno que no puede obtener el título de Graduado en Educación Secundaria porque le falta el aprobado en una sola materia, a pesar de que ha trabajado con esfuerzo e interés en ella y a pesar de que ha hecho avances evidentes (a juicio de otros docentes). Otro alumno que agota las convocatorias y que tiene que ir a examinarse a otra Universidad o dejar de estudiar porque carece de medios y condiciones para desplazarse. ¿Por qué solo son malos estudiantes con esos profesores?

Es curioso que sean siempre los mismos. Es decir que esa actitud de pretendida exigencia, de aparente rigor, de estricta defensa de la justicia, parece ser un atributo exclusivo suyo. Los demás profesionales parecen ser blandos, condescendientes y poco rigurosos. Es decir, irresponsables.

No sé lo que sucedería si a algunos docentes se les retirase el poder de evaluar. No sé cuántos alumnos y alumnas tendrían si se pudiera acudir a ellos solo por el interés que suscita su enseñanza y por la cercanía que genera su amor a lo que enseñan y a los que enseñan.

Me pregunto cuáles son los motivos que se esconden detrás de esa rigidez: ¿Se consideran más importantes por ser únicos?, ¿piensan que son mejores docentes porque exigen más y mejor que los demás?, ¿se creen más protagonistas porque tienen detrás una cohorte de suplicantes formada por padres, profesores y alumnos?, ¿consideran que con este proceder su asignatura y, por consiguiente, ellos mismos tienen más categoría?, ¿piensan que de esta forma se afianza su autoridad? No quiero pensar, por el debido respeto a esos profesionales, que detrás de su comportamiento se esconde un tipo de actitud malintencionada.

No voy a entrar en el análisis de las prácticas profesionales de estos docentes, pero pienso que no les gustaría que les juzgasen con el mismo rigor, con la misma intransigencia, de la misma forma inapelable. En algunas ocasiones, la calidad de la enseñanza de estos que quieren hacerse pasar por "el hueso de la institución" deja mucho que desear. Cuántas veces producen el efecto secundario en sus alumnos y alumnas de acabar odiando la asignatura y el aprendizaje de por vida.

Justicia no es dar a todos por igual sino dar a cada uno lo que se merece. Al decir esto no estoy abogando por una evaluación sin exigencia, sin cumplimiento de mínimos, sin rigor alguno. Hay que pensar en el contexto del alumno, en sus circunstancias, en sus capacidades, en su historia, en su proceso de aprendizaje. Hay posibilidades de hacer tareas complementarias, de proponer nuevos trabajos, de realizar nuevas pruebas por el mismo o por otros evaluadores. Hay que pensar en las consecuencias de una calificación que corta el camino, que rompe los sueños, que cierra el horizonte. Hay que pensar en los daños que produce una evaluación que se convierte en un juicio inapelable, en una sentencia brutal.

Se me dirá que el alumno ha tenido tiempo de pensar en todo esto. Claro que sí. No hablo de regalar nada, de bajar el nivel, de aprobar porque sí. Pero en los casos que comento diré que lo han tenido en cuenta. Que han trabajado, que se han esforzado. Que han hecho todo lo posible.

Me pregunto en el caso de estos severísimos jueces si nunca se preguntan si eso que les ha faltado a sus alumnos no se debe a su incompetencia, a su falta de compromiso o a su falta de entusiasmo. Digo esto desde el respeto más profundo y desde la más sincera admiración a la tarea que realiza el profesorado.

¿Cómo afrontan los alumnos estas situaciones? Las más de las veces con resignación y sufrimiento. ¿Cómo se comportan los alumnos ante los casos de injusticia o de extrema dureza? Por lo que he visto, con dolor personal y con silencio ante la institución.

4. A modo de epílogo

Voy a cerrar estas líneas con tres reflexiones que pretenden sintetizar lo que hasta ahora he planteado y con una propuesta de mejora.

La primera se refiere a la importancia, tantas veces olvidada, que tiene la esfera de los sentimientos. En primer lugar, para que haya buenos aprendizajes y en segundo lugar porque está amarrada directamente a la felicidad humana. Somos felices en la medida que nuestros sentimientos positivos nos dominan. La inteligencia es la capacidad de ser felices y de ser buenas personas (Marina, 2008). La inteligencia fracasa cuando somos desgraciados.

La segunda tiene que ver con el proceso de aprendizaje y enseñanza en la Universidad. No puede efectuarse de espaldas a nuestra condición de personan que sienten. Que piensan, sí. Que exploran, investigan y descubren. Pero que sienten.

La tercera se centra en el proceso de evaluación. Un proceso que tiene componentes técnicos, más o menos presentes pero que tiene otros de carácter psicológico y ético que frecuentemente se olvidan. ¿Cuántos estragos ha producido la evaluación? No podemos encogernos de hombros ante esta inquietante pregunta.

Quiero hacer una propuesta para la mejora. Y la voy a ilustrar con dos experiencias que he coordinado en dos Universidad, una española (Ganada) y otra chilena (Santiago).

Vaya por delante la idea de que la propuesta de mejora no parte de prescripciones externas como tantas veces sucede. Quienes piensan y quienes mandan imponen a quienes trabajan el camino que hay que recorrer hacia la mejora de las prácticas (en este caso evaluativas). Los profesionales se convierten así en simples ejecutores de lo que otros deciden. Quienes investigan y no dan clase diagnostican, comprenden y deciden. Quienes dan clase, ejecutan y aplican. Es un modelo desprofesionalizador. Mi propuesta tiene un planteamiento inverso. Los profesionales de la enseñanza diagnostican, comprenden y deciden y quienes mandan generan las condiciones para hacerlo posible: brindan formación, facilitan tiempos y medios, dan estímulos... Es un modelo más profesionalizador. El verdadero protagonista de la mejora es el profesional.

Creo que hay sobrados testimonios de que el primer modelo, asentado en la racionalidad práctica, no funciona. Y, si funcionase, sería peor. Todo seguiría asentando en las rutinas hasta que llegasen las nuevas prescripciones.

El Instituto de Innovación Educativa Universidad de Santiago puso en marcha una experiencia para mejorar la evaluación y me encomendó el diseño, el desarrollo y la evaluación del mismo. Un grupo numeroso de docentes de diversas especialidades quiso participar voluntariamente en el mismo. Escribieron un texto guiado sobre la práctica de la evaluación en el que tenía una importante presencia la participación del alumnado.

Los textos fueron analizados y discutidos por todos los participantes. Se rehicieron a la luz de las sugerencias y se publicaron en un libro (Santos Guerra y Urbina, 2013) que fue presentado a toda la comunidad universitaria. Es importante escribir. El pensamiento errático y caótico que tenemos sobre la evaluación, al ser plasmado en un escrito, tiene que ser sometido a la disciplina de la escritura en la que hay que ordenar el pensamiento y argumentar para pasar de una idea a otra.

La segunda experiencia se ha producido en la Facultad de Políticas y Sociología de la Universidad de Granada. Mi propuesta supuso un pasito más ambicioso ya que, después de un curso sobre evaluación, los asistentes hicieron un diseño de investigación sobre sus prácticas. Los informes de las investigaciones figuran en un texto editado por el Servicio de Publicaciones de la Universidad (Santos y Smolka, 2015).

En ambos casos, el objeto de la investigación se sitúa no el contenido disciplinar sino en una parte del proceso de enseñanza y aprendizaje tan importante como es la evaluación. Y se trata de investigaciones que tienen como foco la práctica de los investigadores. Se trata, pues, de procesos de investigación en la acción. Un tipo de investigación que hacen los profesores y las profesoras sobre sus propias prácticas con el fin de comprenderlas y de transformarlas en su racionalidad y en su justicia.

Quiero terminar reivindicando un mayor protagonismo para el alumnado (Santos Guerra, 2006) ya que solo aprende el que quiere. El verbo aprender como el verbo amar no se pueden conjugar en imperativo. La participación del alumno en el diseño, desarrollo y evaluación del currículum generaría motivación y propiciaría el desarrollo de la responsabilidad.

Creo que los estudiantes universitarios de hoy se han convertido en meros destinatarios de la acción institucional y de sus profesionales. No hay estructuras adecuadas de participación auténtica. En parte porque no las crea la institución y en buena parte porque ellos no las reclaman y no las exigen.

Hacerse preguntas

"Existen pocas cosas terrenales más bellas que una Universidad. Es un lugar donde aquellos que odian la ignorancia pueden esforzarse por saber, donde aquellos que perciben la verdad pueden esforzarse en que otros la vean; donde los buscadores y estudiosos, asociados en la búsqueda del conocimiento, honrarán el pensamiento en todas sus más delicadas formas, acogerán a los pensadores en peligro o en el exilio, defenderán siempre la dignidad del pensamiento y del aprendizaje y exigirán valores morales a las cosas.

Ellos dan a los jóvenes esa íntima camaradería que los jóvenes anhelan, y esa oportunidad de discusión infinita, sobre temas que son infinitos, sin los cuales la juventud parecería una pérdida de tiempo.

Existen pocas cosas más perdurables que una Universidad".

(John Masefield, poeta inglés, 1946)

No sé si estas hermosas palabras se podrían aplicar a muchas de nuestras instituciones universitarias de hoy. De cualquier manera reflejan el espíritu de búsqueda de la verdad en comunidad y en libertad que inspiraron la fundación de las Universidades y que deberían presidir nuestro trabajo.

La rutina es el cáncer de las instituciones y de las prácticas docentes. No hay nada más perjudicial que instalarse en la certeza de que todo lo que hacemos está bien hecho y de que, cuando algo falla, la causa se encuentra en los demás.

Cuando la profesora Inmaculada Szmolka me llamó para invitarme a participar en una experiencia de formación docente en la Facultad de Ciencias Políticas y Sociología de la Universidad de Granada sentí, una vez más, el cosquilleo de la aventura.

Los docentes universitarios solemos acceder a la profesión de enseñantes sin una cualificación didáctica suficiente. Se nos exige, para acceder a la profesión, tener conocimiento de las materias que vamos a enseñar, haber investigado y publicado en medios cualificados sobre ellas, haber asistido a Congresos, Seminarios y Talleres en los que se han compartido los avances más recientes de esas parcelas del saber... Pero nada sobre las concepciones, habilidades y actitudes que son necesarias para la enseñanza... Pareciera que la profesión que ejercemos es inespecífica y que no requiere de competencias especializadas.

Participar en una experiencia que permitiera reflexionar sobre esa realidad y plantear algunas cuestiones al respecto me parecía un reto interesante y un desafío que albergaba un importante estímulo.

Acepté. Un año antes habíamos trabajado cuestiones relacionadas con la metodología y en este pretendíamos abordar el espinoso tema de la evaluación de los aprendizajes del alumnado.

Me encontré con un grupo de docentes (nunca son numerosos, casi nunca tienen autoridad académica y muy pocas veces son catedráticos de renombre) que, contra viento y marea, querían dedicar unas horas a reflexionar sobre la práctica de la evaluación. Suelen acudir a estas citas profesores y profesoras entusiastas, casi siempre jóvenes que, además de estar embarcados en la decisiva tarea de estabilizarse en sus puestos, están empeñados en mejorar su práctica en un denodado y admirable intento de superación.

Digo esto a sabiendas de que la institución les ayuda poco. Porque, lejos de reconocerles su esfuerzo y ayudarlos a que puedan conseguir sus objetivos laborales, les tiende la trampa de someterles a procesos de evaluación de la suficiencia investigadora cuyos intríngulis no conocen.

Se produce a la hora de la producción científica el "efecto Mateo" del que hablan Bunge y otros autores. El nombre se debe a un versículo del Evangelio de San Mateo en el que se dice (cito de memoria) que al que tiene se le dará y, al que no tiene, se le quitará aquello poco que tiene.

–¿Usted quiere publicar? Muy bien, ¿qué tiene publicado?

–Nada hasta ahora.

–Pues entonces tendrá que esperar.

Mientras tanto, el autor consagrado recibe solicitudes de artículos y libros que están bendecidos por el aura del reconocimiento previo antes incluso de ser escritos.

Mientras la investigación es evaluada con sistemas cada vez más exigentes, la docencia se desempeña sin grandes exigencias institucionales, salvo la de la presencia en el aula y la ausencia de conflictos con los estudiantes.

De modo que eres un buen profesor universitario según el número de tramos de investigación reconocidos, pero no según el aprendizaje que hacen los alumnos y su grado de satisfacción por el trato y la consideración que reciben.

Se podría concluir que el tiempo dedicado a descubrir cómo se puede ser un mejor profesor, a preparar las clases, a atender las tutorías, a emprender procesos de evaluación más participativos, sensibles y rigurosos, sería un tiempo perdido en las imperantes exigencias meritocráticas hoy en boga. ¿Quieres tener éxito? Publica. ¿Quieres perder el tiempo? Prepara bien las clases, evalúa con rigor a tus estudiantes y asiste a cursos de capacitación docente. (Con el no minúsculo problema de que, algunas veces, esos cursos han resultado ineficientes.) En esos cursos se plantean exigencias descendentes, pero pocas veces ascendentes. Es decir, quien asume compromisos de mejora son los profesionales, pero la institución sigue de espaldas a la mejora de las condiciones.

Las sesiones previstas para el trabajo eran tres. Pensé que, para que el proyecto tuviera eficacia, debería encaminarse hacia la mejora de la práctica de la evaluación, no solo a descubrir algunos de sus presupuestos teóricos.

Les hice una propuesta de mejora que, después de ser fundamentada teóricamente, concreté en una serie de verbos necesariamente concatenados:

1. Interrogarse

Si este verbo no se conjuga, no es posible iniciar el proceso de mejora. Si no se formulan preguntas, no habrá forma de buscar respuestas.

Hay que poner en tela de juicio las prácticas, hacerse preguntas sobre ella. Hay que dudar. Ya sé que la duda es un estado incómodo. A algunos no les deja dormir. Lo que pasa es que si la duda es un estado incómodo, podríamos afirmar que la certeza es un estado intelectualmente ridículo.

Repetir lo que se hace sin formular la menor pregunta es el mejor modo de asentarse en las limitaciones y los errores. Téngase en cuenta que existe la lógica de autoservicio, es decir, un mecanismo intelectual que consiste en que hacemos hablar a la realidad para que nos dé la razón.

Un profesor que tiene un inusitado novel de fracaso hará hablar a la realidad para que le dé la razón con el fin de seguir haciendo lo que hace. Y dirá que la causa de ese fracaso es que siempre le tocan a él los peores alumnos, que tienen un nivel insuficiente y que no muestran el necesario interés ni hacen el esfuerzo suficiente.

2. Compartir

Hemos de hacer preguntas sobre la propia práctica y hemos de compartirlas con otros docentes. Porque, en definitiva, el currículum universitario ha de ser colegiado y no individualista. De lo que se trata en la Facultad es de formar personas y profesionales competentes a través de un proyecto compartido.

El individualismo es una lacra en un proyecto tan complejo como la formación de personas y de profesionales. Remar en el mismo sentido es una exigencia *sine qua non* si se quiere avanzar en una buena dirección.

Investigar

La contestación a las preguntas no se hace mediante suposiciones sino con el rigor de la investigación. Habitualmente los profesores universitarios investigamos sobre las materias de nuestra especialidad, pero pocas veces lo hacemos sobre la docencia.

Hablo de una investigación sobre la práctica, encaminada a comprenderla y a mejorarla. Hablo de investigación en la acción (*action research*). Es la que hacen los profesionales sobre sus propias prácticas con el fin de comprenderlas y transformarlas en su racionalidad y en su justicia.

Este tipo de investigación fue la que les propuse a los docentes de la Facultad de Ciencias Políticas y Sociología cuando se inscribieron en el curso sobre evaluación de los aprendizajes.

Comprender

La respuesta a las preguntas genera comprensión. Cuando murió Laurence Stenhouse, profesor de la Universidad de Norwich (de un cáncer cuyo diagnóstico nunca aceptó porque decía que tenía que hacer todavía muchas cosas por la educación de su país) los alumnos plantaron en el campo un arbolito con una placa en su pie: "Son los profesores quienes, a fin de cuentas, van a transformar el mundo de la enseñanza, comprendiéndolo".

Comprender lo que sucede es el único modo de poder mejorarlo. Esa comprensión tiene su origen en la investigación compartida sobre la práctica.

Decidir

Se comprende para intervenir, no para estar entretenidos comprendiendo, no para quedarse impasibles después de haber comprendido.

Así es, a mi juicio. Los profesores son los protagonistas de la transformación. Y la van conseguir a través de procesos rigurosos de indagación conducentes a la comprensión de la realidad.

Escribir

Al plasmar en un escrito el pensamiento caótico y errático que solemos tener sobre la práctica, debemos someterlo a la disciplina de la redacción. Para escribir, necesitamos ordenar el pensamiento y plasmarlo según una estructura. Para escribir tenemos que argumentar y pasar de unas partes a otras mediante razonamientos concatenados.

Por eso la escritura ayuda a comprender la práctica. Por eso sería aconsejable que, con más frecuencia, nos sometiésemos al ejercicio de la escritura, a la narración de las prácticas docentes y a la redacción de informes sobre investigación acerca de la práctica.

Difundir

Si se difunden los informes de investigación, la comunidad encontrará un motivo de estímulo importante. Algunos pensarán que no están solos en el empeño de hacer bien lo que tienen que hacer, que hay otras personas con el mismo compromiso.

La profesora inglesa Joan Dean dice que si los profesores compartiésemos las cosas buenas que hacemos tendríamos una fuente inagotable de estímulo y de optimismo. Somos más dados a compartir los males que nos aquejan.

1. Debatir

Es importante generar una plataforma de discusión acerca de la enseñanza universitaria, de su sentido, de su éxito y de su fracaso. La difusión de los informes de estas investigaciones constituye un interesante vehículo para establecer esa discusión.

A través del análisis de los procesos y de los resultados podremos establecer las iniciativas que tendríamos que emprender para mejorar lo que estamos haciendo.

2. Comprometerse

Pienso que el conocimiento ha de generar compromiso. Esta es una profesión que no depende exclusivamente de cuánto se sabe sino de cómo se es. El compromiso con la enseñanza hace que nos preocupemos por la calidad del aprendizaje y nos insta a mejorar nuestra acción.

Comprometerse con la institución y con la tarea exige clarividencia y valentía. Exige saber cuál es el sentido de nuestra actividad y, a su vez, compartir un proyecto colegiado y sentirnos responsables de aquello que hacemos.

3. Exigir

Las condiciones en las que hoy nos encontramos no son las mejores imaginables. No debemos asistir impasibles al deterioro de las condiciones de la buena enseñanza.

Para exigir con eficacia hace falta unidad, perseverancia, valentía, optimismo y creatividad. Lo que llamo "poner una vaca púrpura en las cosas", es decir, algo extraordinario, algo llamativo.

Les sugerí a los docentes asistentes al curso que, después de la segunda sesión, plantease cada uno un foco de investigación sobre su propia práctica evaluadora, que lo compartiesen con los demás y que se diesen respuesta mediante un proceso de *action research* (investigación acción). La investigación que les propuse tiene que ver con las prácticas y con su mejora. Se trata de una investigación hecha por los profesionales sobre sus propias prácticas para comprenderlas y transformarlas en su racionalidad y en su justicia.

Así lo hicimos. Mediante algunas sugerencias los asistentes eligieron un foco de indagación, realizaron la búsqueda de evidencias y redactaron los correspondientes informes. Y, a través de ese proceso, tomaron decisiones de mejora.

Sé el mérito que tiene dedicar horas a reflexionar y a mejorar la evaluación. No es eso lo que se exige de forma prioritaria para acceder a una plaza, dirigir una tesis o formar parte de un tribunal.

No ignoro que, para calafatear el barco en el que se navega, no se puede detener el viaje. Sé que este grupo de admirables docentes han seguido preparando y atendiendo sus clases, realizando sus tutorías, participando en sus investigaciones y haciendo de la mejor manera posible las evaluaciones correspondientes.

Despedí a los docentes que formaron parte de este equipo, tan bien coordinado por la profesora Inmaculada Szmolka, con una historia que encerraba un mensaje. La historia de un barco que hacía una larga travesía en alta mar. Perdieron el rumbo y navegaron muchos días a la deriva. Se dieron cuenta de que, a causa de la prolongación del viaje que había causado el extravío, se estaba produciendo un grave problema de escasez de agua potable.

Comenzaron a racionarla, eliminando tareas de limpieza y limitando el consumo a los mínimos necesarios para la supervivencia. El problema se fue agravando con el paso de los días. El capitán ordenó que se enviasen mensajes de socorro a quien pudiera recibirlos.

–S.O.S. Necesitamos agua.

Nadie contestaba. El problema se fue agravando y algunos miembros de la tripulación enfermaron de sed. Se temía por la vida de todos y de cada uno de los marineros. De pronto llegó un cable que les dejó perplejos e, incluso, indignados. Porque decía:

–¡Echen los cubos al agua!

El capitán, con tono desabrido, ordenó que se contestase inmediatamente con este texto:

–Necesitamos agua, no bromas pesadas.

Inmediatamente recibieron contestación desde un barco cercano:

–Echen los cubos al agua. Están navegando sobre agua dulce.

Esta era la moraleja: me pidieron que viniera porque tenían escasez de agua. Y he venido. Pero para decirles:

–Echen los cubos al agua. Están navegando sobre agua dulce.

Estoy seguro de que este libro que ahora tienes en las manos te puede servir de estímulo y también de guía. Estoy persuadido de que los profesores y profesoras que ponen más empeño en mejorar sus prácticas acaban siendo más felices.

SEGUNDA PARTE

DE LOS RÍOS QUE VAN AL MAR

Presento aquí once textos breves que han sido publicados en el periódico *La Opinión* de Málaga durante los últimos diez años.

Se trata de reflexiones que están arraigadas a las experiencias de los docentes como evaluadores y de los alumnos como evaluados. En ellas se ven reflejadas las teorías que he desarrollado en la primera parte. Por eso he utilizado la metáfora del agua. De aquellos manantiales surgen estos caudales que son alimentados por ellas.

Es probable que el/la lector/a encuentre algunas ideas repetidas. He preferido mantener los textos tal como fueron concebidos a pesar de incurrir en ese problema de la repetición.

Muchos de esos textos han nacido de la experiencia, de manifestaciones realizadas por diversos profesionales o alumnos y alumnas afectados por el proceso de evaluación.

Tienen sentido y estructura interna, razón por la que pueden ser trabajados de forma autónoma, sea en clases o en cursos de formación. Pueden servir para avivar el debate o para sugerir experiencias. Sobre todo, para alimentar la reflexión.

Puesto que han sido escritos en un período de tiempo largo ofrecen una diacronía de acontecimientos y de etapas diferentes. De todos modos, lo que recorre todos estos textos es la preocupación por comprender el fenómeno complejo de la evaluación.

Algunos textos tienen un toque de humor. Creo que el humor es una forma de bondad que no deberíamos abandonar nunca. Utilizo alguno de estos textos en clases y conferencias con el fin de captar el interés y desdramatizar unas actuaciones que dejan poso en quienes las viven o padecen.

Me remito al blog El Adarve, en el que se encuentra colgados con cientos de otras reflexiones sobre educación, política y cultura. Muchos de ellos están enriquecidos por los comentarios de los lectores y lectoras que amablemente se han acercado a estos escritos.

Matemáticas y ginecología

La evaluación del alumnado es una de las tareas más complejas que realizan los profesores. Parece sencilla pero no lo es. Algunos confunden evaluación con calificación. Otros limitan el fenómeno a una comprobación uniforme, mecanizada y descontextualizada de los aprendizajes realizados, otros se obsesionan por conseguir que los alumnos memoricen, aunque no hayan entendido nada.

Le he oído decir a una profesora: "Niños, esto es muy importante. Hay que aprenderlo de memoria. Y si alguno no es capaz de aprenderlo de memoria, lo puede decir con sus propias palabras".

La complejidad de la evaluación tiene muchos frentes, radicados en su naturaleza, en su finalidad, en su metodología, en sus consecuencias, en sus condiciones... La evaluación es un fenómeno ético, psicológico, didáctico, sociológico, filosófico...

Con la imperativa brevedad que exige un artículo de esta naturaleza me detendré en uno de los factores, escasamente considerado, que hace de la evaluación un hecho problemático.

¿Cómo se explica el fracaso en el aprendizaje? Comprobar si los alumnos y alumnas han aprendido es una tarea difícil. ¿Eso es lo que tenían que saber? ¿Así se comprueba si lo han aprendido? ¿Lo han aprendido como consecuencia de la enseñanza? Preguntas complejas. Pero ahora me quiero detener en otra dimensión de la evaluación, la de atribución. Es decir, la de explicación de por qué han aprendido o por qué no lo han hecho en el tiempo y forma deseados. Una cosa es comprobar y otra explicar.

Se suele explicar el fracaso de los alumnos por causas que radican exclusivamente en su forma de ser o de actuar. Hago hincapié en el adverbio que he utilizado: "exclusivamente". Los alumnos reprueban, se dice, porque son torpes, porque son vagos, porque tienen una preparación deficiente, porque están en una edad difícil, porque la familia no les ayuda, porque ven con exceso la televisión, porque tienen distracciones poderosas, porque carecen voluntad, porque están desmotivados, porque son sinvergüenzas... No digo que no estén presentes estas causas en el fracaso (y otras que tienen su epicentro en el alumno) pero explicar al cien por cien la falta de éxito atribuyendo la causa a un solo agente del sistema resulta tan arbitrario como injusto.

Una de las causas más esgrimidas por el profesorado es la mala preparación que tienen los aprendices. Cuando esto sucede en la Universidad, culpando al Bachillerato encontraríamos una explicación similar. Es decir que en el Bachillerato se diría que la causa está en la deficiente preparación que se les ha dado a los escolares en la ESO. Los profesores de ESO achacarán sus problemas al nivel alcanzado en la Enseñanza Primaria. Y, como no podía ser menos, la culpa descenderá al profesorado de Infantil. En unas jornadas de Educación Infantil celebradas en Madrid, alguien hizo el siguiente planteamiento:

–Uno de los principales problemas que tienen las Escuelas Infantiles en España es que los niños vienen mal preparados de sus casas.

De ahí mi interpelación al trabajo de ginecólogos y comadronas que también podrían achacar el fracaso en su trabajo a la baja calidad de óvulos y espermatozoides.

Haciendo esta consideración al grupo de tutores de medicina asistentes a un curso sobre estrategias de enseñanza y aprendizaje, levantó la mano uno de los asistentes y contó una experiencia que él mismo había vivido en su práctica profesional de ginecólogo. Le pedí que me la contara por escrito y, amablemente, lo ha hecho. Comparto con lector el texto que me ha enviado.

> "A la clínica privada donde trabajo llegaron dos reclamaciones en las que se exigía conocer cuál fue el pH y el resultado del test de Apgar del niño. El pH y el test de Apgar miden el grado de sufrimiento fetal durante el parto. Los padres habían visitado al psicólogo del colegio ya que su hijo iba mal en matemáticas (sólo en matemáticas). Éste, tras examinar al niño con varios tests, concluyó que el problema estaba en el parto. Revisamos la historia y los dos partos que había tenido la madre habían sido normales, por vía vaginal y sin sufrimiento fetal".

¿Cómo es posible que, en este caso, no se analice lo que sucede en la clase de matemáticas? Si en el resto de las asignaturas va bien, ¿no es lógico deducir que "algo" falla en esa parcela del aprendizaje específico?

Llama poderosamente la atención que un fenómeno tan complejo se despache algunas veces de forma tan contundente como superficial. Las causas, a mi juicio, son dos. La primera tiene que ver con la falta de lógica. La segunda, con el olvido de la ética. Me explico. Un análisis riguroso de la cuestión (primera causa) dificultaría llegar a determinadas conclusiones. Por ejemplo, no es lógico que se piense que los niños son trabajadores e inteligentes para todas las asignaturas menos para una. No es lógico pensar que un alumno que ha ido bien en una asignatura hasta una fecha, ahora ya sea completamente inútil para aprender algo sobre ella. Hay poco rigor en la aplicación de explicaciones racionales. La segunda causa hace referencia a la ética. No es inocente el hecho de que las explicaciones siempre nos lleven al desplazamiento de la responsabilidad a otros agentes o circunstancias. La exculpación nos libera de cualquier responsabilidad. Son los otros los que tienen la culpa. No sería ético, por ejemplo, que se explicasen todos los fallos de la sanidad diciendo que los organismos de los pacientes son muy frágiles y no resisten los excelentes tratamientos de los profesionales.

Se equivoca quien piense que, al hacer estas reflexiones, estoy atacando a los profesores, descalificando su trabajo, cuestionando su tarea. No. Estoy tratando, sencillamente, de que hagamos autocrítica y de que mejoremos nuestras complejas, decisivas, arriesgadas y apasionantes prácticas profesionales.

Los músculos y los huesos

Me preocupan las actitudes sádicas en la educación. Me repugna la crueldad. El sádico hace daño intencionadamente a los demás, pero también se lo hace, probablemente sin querer, a sí mismo. Porque la violencia contra el prójimo que encierra el sadismo envilece el corazón del agresor. Y, además, genera en los testigos una sensación de miedo y de repulsa. El sadismo lo tiñe todo de dolor y de miseria

No me gusta que los alumnos y las alumnas falten el respeto a sus profesores y menos que se ensañen con ellos haciéndoles la vida imposible. Motes ofensivos, aunque ingeniosos (a un profesor bizco le llamaban Óxido Antimonioso porque la fórmula de ese producto químico es Sb_2O_3; a otro que lanzaba al hablar pequeñas partículas lo apodaron Saliva Va; a una directora bajita y regordeta que caminaba por los pasillos diciendo chisst, chisst, chisst la llamaban La Olla Express; a otro profesor lo apodaban el Bikini porque decían que enseñaba todo menos lo principal...), burlas pesadas, amenazas intimidatorias, comportamientos groseros, agresiones de todo tipo... Resulta triste e intolerable. ¿Por qué hacer sufrir a quien tiene la tarea de ayudar y la lleva a cabo cada día con dedicación y esfuerzo?

Recuerdo que en la escuela irlandesa a la que asistía nuestra hija Carla había una norma que me pareció excelente y que se convirtió para ella en un hermoso hábito: Los alumnos y alumnas debían dar las gracias cada día a sus profesores y profesoras por lo que les habían enseñado. Era frecuente escuchar a los padres y a las madres: ¿le has dado las gracias hoy a tu profesor?

¿Qué decir de la violencia de los padres contra el profesorado? Acabamos de asistir en Vélez Málaga a una intolerable agresión de un padre hacia el profesor de su hijo. Una víctima es el profesor, claro está. Otra víctima de esa agresión es el hijo a quien el padre ha golpeado con su detestable ejemplo. Y víctimas somos todos los testigos de ese menosprecio a quien se dedica a tan decisiva tarea.

Tampoco me gusta ver que los profesores hagan sufrir a los alumnos y alumnas. Comparaciones, bromas, dureza, menosprecio, descalificación... Uno de los instrumentos más propicios para la tortura es la evaluación. Porque la evaluación encierra poder. Hay quien disfruta haciendo difíciles las cosas. E, incluso, tendiendo trampas.

Hace algunos años impartí un curso sobre evaluación educativa a un numeroso grupo de docentes en la maravillosa ciudad argentina de Ushuaia. Recuerdo que, en el descanso, se acercó a mí una profesora que había acudido al curso con su hija de diez años. Durante nuestras sesiones de trabajo, la niña dibujaba o leía y en los descansos jugaba y hablaba con su mamá y con otras docentes.

Le pregunté a la niña cómo le iba en el cole. Me dijo que regular. Y luego, añadí, mediatizado por las reflexiones que había estado planteando en el curso:

–¿Qué tal las evaluaciones y exámenes que te hace la profesora?

–Mal. Porque "la seño" nos explica los músculos y luego nos pregunta por los huesos.

No lo pudo expresar de forma más clara y más precisa. La niña denunció de una forma muy gráfica uno de los abusos más frecuentes de la evaluación. Ese afán por hacer difícil lo que podría ser fácil. Esa pretensión de convertir la evaluación en una trampa.

Hay profesores que disfrutan cuando desaprueban a muchos alumnos. No entiendo bien a quien esto hace. Es como si un cirujano se alegrase cuando sale de su quirófano un cadáver. No le considero solo un incompetente sino que también le veo como un desalmado.

No me gusta tampoco ver que unos alumnos y alumnas convierten en víctimas a otros compañeros y compañeras. Me duele ver que algunos acuden a la escuela a sufrir el acoso de sus iguales. Hay que tener alma de torturador para convertirse en una amenaza y para provocar un terror permanente en aquellos que, por naturaleza, podrían ser amigos.

Me duele también ver a miembros de equipos directivos que procuran complicarles la vida a los docentes y a los alumnos. No sé si piensan que han caído del cielo con la misión de hacer sufrir a los humanos. ¿Por qué tienen que vivir felizmente las personas?, se preguntan. Pienso que se creen más importantes si hacen sentir la espuela del mando a quienes consideran sus inferiores jerárquicos.

No entienden que la autoridad está ahí para ayudar, animar y cuidar a los demás. Han de ser facilitadores, no torturadores.

El sadismo lo destruye todo. Esa trama de pensamientos y de acciones que machaca a los demás. La escuela debería ser un crisol de relaciones encaminadas al desarrollo emocional. Un laboratorio de comunicaciones asentadas en el respeto. Un entramado de vivencias que hagan patente la dignidad humana.

Pero el sadismo solo encuentra placer en el dolor ajeno. El caso es complicar la vida a los demás. El objetivo es que la otra persona sufra. Da igual cómo. Mientras más, mejor. De ahí nace aquel diálogo retorcido entre un masoquista un sádico.

El masoquista le dice al sádico:

–¡Pégame, por favor!

Y el sádico contesta:

–¡Ahora no!

Al ir hacia la Facultad he escuchado hoy en un programa de radio cómo un periodista contaba la respuesta de un alumno a la pregunta siguiente: ¿tú qué haces en la escuela? La respuesta me pareció triste y alarmante: Sufrir, sufrir y sufrir.

Hay que reflexionar sobre la urdimbre de relaciones que se teje cada día en la escuela. Hay que ver cómo la estructura organizativa condiciona la comunicación. Y hay que procurar que lo nomotético y lo idiográfico se conjuguen en aras de una convivencia hermosa y feliz.

La escuela, como trasunto de una sociedad democrática, debe albergar una convivencia sentada en el respeto y la dignidad. El poder debe servir a la comunidad, los profesores, querer a los alumnos y éstos, respetar al profesorado. A convivir se aprende conviviendo.

Quiero brindar a todos los miembros de la comunidad educativa un lema que a mí me ha ayudado mucho en la vida: Que mi escuela sea mejor (hoy diré más feliz) porque yo estoy trabajando en ella.

Lo ideal y lo real

En un viaje que he realizado no hace mucho a un país extranjero (mantendré por cortesía el anonimato) un profesor me entregó un largo documento con la relación de los colegios de ese país, ordenados según su calidad educativa. Pregunté sobre cómo se había elaborado el ranking y la profesora me contestó que a través de un proceso de *assessment.* Es decir, a través de pruebas estandarizadas (iguales, pues, para todos) que se habían aplicado a los alumnos y alumnas de los colegios. Se habían comparado los resultados y se había hecho la clasificación.

Repasé detenidamente la lista y reparé en un hecho que me llamó la atención, ya que conocía uno de los cinco primeros colegios de la lista. Ese colegio (privado, privadísimo) practica la xenofobia en el proceso de admisión de los alumnos: no admite etnias como la gitana. Es un Colegio elitista al que no pueden acceder los hijos de familias pobres ya que no pueden pagar ni la matrícula ni las mensualidades. Sé también que los alumnos y alumnas que no van bien son instados a abandonarlo. "Por su bien" y "para no perjudicar a los demás".

Me puse en contacto con un profesor que conozco y que, muy a su pesar, trabaja en ese colegio. Le hablé de esa lista y de mis preocupaciones sobre el concepto de calidad que la había inspirado y añadió un poquito más de inquietud a mi desazón inicial. Me contó que la víspera de las pruebas se había pedido a algunos alumnos y alumnas que al día siguiente no acudieran al colegio porque iban a realizar unas pruebas para medir la calidad y que ellos podían dañar la imagen del colegio. De modo que un colegio tramposo, insensible, elitista, racista y xenófobo ocupaba uno de los mejores puestos en el ranking de calidad. Y, acaso, una escuelita perdida en la montaña, con tres maestras entregadas en cuerpo y alma a los niños y a sus familias, queda relegada por esa evaluación a los últimos lugares de la lista. Qué injusticia.

¿De qué calidad hablamos? En el año 2003 coordiné un libro titulado *Trampas en educación: el discurso sobre la calidad.* El editor me dijo que no fuese tan duro, que no hablase de trampas sino de... controversias. Y, claro está, dije que no. Que quería denunciar trampas, no alimentar discusiones. Que él escribiera, si así lo deseaba, el libro acerca de las controversias sobre la calidad.

He hecho repetidas veces un ejercicio en mis clases y conferencias para provocar la reflexión sobre el proceso de evaluación del alumnado, de las escuelas, de los programas, de los sistemas educativos... Es decir, de la evaluación educativa en general. Entrego a los presentes una lista con diferentes funciones posibles de la evaluación. Son funciones de diversa naturaleza. CLASIFICAR, SELECCIONAR, COMPRENDER, MEDIR, DIAGNOSTICAR, MEJORAR... Y así hasta doce. Y les pido que, por favor, indiquen cuál es la función que consideran más importante, más valiosa, más necesaria, más útil, más deseable. Es decir, les pido que digan cuál de las funciones tiene una mayor riqueza conceptual o/y práctica. Les pregunto, pues, por la función ideal.

Casi sin excepción, las funciones más mencionadas en la respuesta a esta pregunta se encuentran en los siguientes verbos: MEJORAR, COMPRENDER, APRENDER, DIALOGAR, REORIENTAR, COMPROBAR... A continuación les pido que, de la misma lista, elijan la función más real, la más frecuente, la más presente, la que han visto más veces. Y, casi sin excepción, han dicho: CLASIFICAR, COMPARAR, SELECCIONAR, MEDIR, CONTROLAR, JERARQUIZAR...

El debate no se establece, pues, en esta fase. Hay una coincidencia casi plena a la hora de definir cuáles son las funciones más ricas y las más pobres, las ideales y las reales. El problema es posterior y responde a la siguiente pregunta: ¿por qué no coinciden las reales con las ideales?, ¿por qué no se convierte en real lo que se considera ideal?, ¿por qué no están presentes en la práctica las funciones que todos consideran más importantes...?

Es probable que esta cuestión tenga un desarrollo similar si son políticos los interlocutores. Es decir, aquellas personas que toman las decisiones sobre cómo ha de ser la evaluación. Me cuesta pensar que haya personas dedicadas a la política que consideren ideales, deseables, prioritarias las funciones más pobres pedagógicamente hablando. Téngase en cuenta que una evaluación pobre genera una enseñanza pobre. Porque existe la tendencia de considerar la evaluación como un fin, no como un medio. Y así está sucediendo: que no se pone la evaluación al servicio del aprendizaje sino el aprendizaje al servicio de la evaluación.

Cuando he lanzado la pregunta, los asistentes tratan de ofrecer alguna explicación. Hay quien sugiere que es más fácil, más cómodo, menos comprometido entregarse a aquellas dimensiones menos acordes con el verdadero sentido de la educación y, por ende, de la evaluación. Es más sencillo dejarse seducir por visiones menos exigentes y menos comprometidas.

Hay quien piensa que ese hecho, por muy irracional que parezca, es la consecuencia lógica de vivir inmersos en una cultura neoliberal. En ella son ejes de las concepciones, de las actitudes y de los comportamientos unos principios que se sustentan en el individualismo, la competitividad, la obsesión por la eficacia, la privatización y el olvido de los desfavorecidos. Las funciones más pobres de la evaluación se retroalimentan con esos principios. Lo importante es comparar, competir y ganar.

Otros plantean que siempre se ha hecho así y que es el peso de la rutina y de la inercia el que condiciona el proceder. Puede ser más racional y más ético encaminar la evaluación hacia el aprendizaje y la mejora, pero es más cómodo dejarse llevar por lo que siempre se ha hecho.

Algunos dicen, en cuarto lugar, que el pesimismo hace que pensemos que no es posible alcanzar aquello que deberíamos perseguir. Sí, sería deseable, pero no es posible. Porque es difícil y porque nosotros no tenemos la capacidad y la voluntad de alcanzarlo. Hay un poso de fatalismo instalado en nuestros corazones que nos hace desestimar cualquier esfuerzo bajo la sospecha de que será inútil. Decía Paulo Freire que el fatalismo es el principal enemigo de la educación. Porque atenta contra el núcleo esencial de este proceso que consiste en dar por buena la idea de que el ser humano puede aprender, de que el ser humano puede mejorar.

También hablan de la falta valentía cívica, que es una virtud democrática que nos hace ir a causas que, de antemano, sabemos que están perdidas. ¿Por qué digo valentía? Porque muchas de las posiciones negativas están asumidas por el poder. Y es más fácil respaldar al poder que criticarlo y enfrentarse a él.

Yo pienso que, a pesar de todas las inercias habidas y por haber, hay que hacer lo posible (cada uno en su lugar y nivel) por hacer imperar el sentido común, la lógica y la ética. Para que acabe coincidiendo lo ideal con lo real.

Más allá del marcador

Hay quien piensa que la evaluación es un fenómeno muy sencillo. Como si hubiese formas inequívocas de comprobar si el aprendizaje se ha producido. Como si fuese fácil explicar por qué se ha aprendido o dejado de aprender. Los números son muy engañosos, aunque parezcan indiscutibles. Una nota es siempre compleja. Me serviré de una metáfora futbolística para explicarlo.

Cuando un equipo gana o pierde por tres a cero, pongamos por caso, hay quien sólo tiene en cuenta el marcador, pero hay quien va un poco más allá y piensa en otras dimensiones importantes. Entre ellas, la justicia o injusticia del resultado. Se puede haber ganado o perdido injustamente. Porque el árbitro se equivocó en decisiones que resultaron determinantes. Expulsó, por ejemplo, a un jugador de forma arbitraria (¿tendrá algo que ver el adjetivo arbitrario con el sustantivo árbitro?). Muchas otras dimensiones tienen que ver con el proceso que condujo a ese resultado que campea en el marcador. Analizar esas dimensiones procesuales es decisivo para comprender lo sucedido y para mejorarlo en otras ocasiones. Veamos algunas de las infinitas variables que están detrás del resultado.

- La belleza del espectáculo: Se critica a ciertos entrenadores por ser "resultadistas", por conformarse con ganar por 1 a 0, a pesar de que el espectáculo del juego del equipo fuera lamentable. Además, no todos los críticos valoran de la misma manera el partido. Para unos ha sido extraordinario y para otros, insufrible.
- El esfuerzo de los jugadores: Se dice algunas veces que no importa haber perdido cuando "los jugadores se han dejado la piel en el campo" o "han sudado la camiseta" (expresiones frecuentemente utilizadas por los comentaristas deportivos. Se habla entonces de "perder con dignidad".
- El planteamiento del entrenador: Todo el mundo sabe que hay entrenadores que piensan que cuando el equipo gana es por la

buena táctica elegida y que cuando pierde se debe a que los jugadores no han trabajado con la seriedad y el esfuerzo necesarios. Lo cierto es que la táctica propuesta o impuesta puede influir en el resultado.

- Las condiciones del terreno: Cuando algún equipo pierde echa las culpas a las malas condiciones del terreno, a la climatología o al viento que soplaba en la dirección contraria durante el segundo tiempo.
- El estado físico y moral de los jugadores: Hay equipos cuyos jugadores pueden ser víctimas de una epidemia, puede ser que alguno tenga que jugar infiltrado y, cómo no, pueden atravesar (uno o varios o todos) por una etapa de crisis emocional que los hace incapaces de conseguir una victoria porque no creen que puedan conseguirla.
- El poder de un genio: Un equipo puede ganar porque uno de sus jugadores ha tenido una actuación brillantísima. No ha funcionado el equipo, pero una chispa del genio ha conseguido el gol decisivo.
- Los efectos secundarios: Hay partidos que se ganan pero que causan unos daños terribles al equipo. Se lesionó un jugador de gran importancia para el equipo, fue expulsado el portero que no cuenta con un buen suplente, se desataron impresionantes rivalidades entre jugadores importantes del equipo.
- Las recompensas y las sanciones: Hay equipos que priman a sus jugadores por las victorias o por los títulos ganados. Incluso se practica la prima (por ganar y por perder) por parte de equipos adversarios que se benefician de la victoria o de la derrota de otros competidores.
- La influencia de los espectadores: ¿Por qué es más frecuente que los equipos que juegan en casa ganen los partidos? Porque existe una influencia de los espectadores que animan, que aplauden, que vitorean a sus jugadores. Se habla, en este sentido, del "jugador número 12" (el equipo de fútbol está integrado por 11 jugadores). A veces se atribuye el mal juego y el mal resultado a que la afición no apoya de la manera adecuada a su equipo.
- El sentimiento de revancha: Un equipo puede estar especialmente estimulado por el resultado que tuvo el año anterior (o en la vuelta primera) al jugar contra el mismo equipo.
- El clima previo: Hay entrenadores que "calientan" el ambiente con declaraciones virulentas contra el equipo adversario. Hay

rivalidades tradicionales entre equipos de la misma capital o de diferentes ciudades.

- Los cambios efectuados: Un mal planteamiento inicial es corregido por un entrenador perspicaz de manera que remedia los males del juego. Otro menos inteligente o rápido es la causa de que el juego siga empeorando.
- Las orientaciones del entrenador: Durante un partido hay entrenadores que se sitúan cerca de la banda para dar instrucciones, para corregir, para aplaudir o para animar a los jugadores.
- El prestigio del adversario: No es igual ganar a un equipo que a otro. No se valora de la misma manera una victoria sobre el líder que sobre el colista.
- Los goles en propia meta: Tienen el mismo valor que los conseguidos por el equipo rival. Puede un equipo ganar un partido sin que ninguno de sus jugadores meta un gol en la portería contraria. Basta que un jugador del equipo rival marque en propia puerta.
- La comparación entre resultados: Se compara el resultado con el obtenido el año anterior, con el conseguido por otros equipos en ese mismo terreno. Las comparaciones no siempre están fundadas en la lógica. ¿Cómo se va a comparar el resultado de un equipo cuya plantilla no vale lo que un jugador de otro equipo?
- La influencia de la prensa: Hay partidos que se denominan "del año", "del siglo", aunque haya muchos similares en esos mismos períodos. Se prepara el partido con declaraciones, entrevistas, valoraciones, comentarios... Todo influye en el estado de ánimo de jugadores, entrenadores, directivos y afición. Todo influye en el juego.

Y así podríamos seguir demostrando de forma palmaria que detrás del resultado hay muchas explicaciones. Todas ellas nos permiten interpretar el sentido de una victoria o de una derrota. Es decir que hay que ir más allá del marcador. ¿Para qué sirve el análisis de la victoria o de la derrota? Si se hace un mal diagnóstico de las causas del resultado, las conclusiones pueden ser no sólo inútiles sino perjudiciales. También puede suceder (y esto es habitual) que al no hacer un buen análisis el resultado no sirva para la mejora del juego o del resultado. No es tan sencillo como parece. No basta con el resultado para saber lo que ha pasado y para valorar el partido. Sin embargo, en la evaluación escolar sólo tenemos en cuenta el resultado obtenido por nuestros hijos alumnos y sólo a ellos atribuimos la causa del fracaso. Qué error. Qué injusticia.

Cuando hacerlo bien es hacerlo mal

Me cuenta una médica de familia (y de mi familia) que la Administración está poniendo en marcha unos curiosos sistemas de evaluación del trabajo de los profesionales de la salud. Los califico de curiosos, aunque debería tacharlos de paradójicos porque resulta que, cuando se aplican, quien trabaja bien es quien lo hace rematadamente mal.

Se explica ella. Y trato de explicarme yo. Lo que realmente importa es que "la imagen" que se ofrezca al público sea buena. Es decir que no haya que esperar cuando se pide cita y que no se prolongue demasiado la consulta. Que aquello funcione.

Ella me cuenta lo que hace. Procura atender bien a los pacientes, tratarlos con amabilidad, acertar en el diagnóstico y explicarles claramente lo que les sucede y lo que tienen que hacer para prevenir la enfermedad o para curarse si ya la tienen. Eso lleva un tiempo. De esta forma termina una hora o dos más tarde de lo que debiera. Como los pacientes saben cómo actúa y cómo es, prefieren que ella los atienda, de modo que, cuando no está, esperan a que se incorpore.

Pero hacerlo así, así de bien, le perjudica. Porque tiene más pacientes (como tiene más pacientes gasta más, medica más, deriva más a los especialistas...) y eso, en lugar de contar positivamente para la evaluación, cuenta negativamente. Le preguntó de forma clara y explícita:

–¿Qué sucede si tienes más pacientes de los que te corresponden? ¿Eso va a contar?

–Sí, pero negativamente. Porque eso demuestra que no gestiona usted bien su cupo. (Llaman cupo al número de pacientes que le corresponde atender a un médico.)

Se puede concluir claramente que los pacientes importan menos que la imagen que pueda ofrecerse del servicio y que el ahorro que se pueda hacer. Pienso que, a veces, los políticos consideran tontos a los ciudadanos. ¿Es que no saben los pacientes cómo han sido atendidos en la consulta? Eso es lo que les importa. Lo que digan las gráficas en los folletos publicitarios les importa un bledo.

Se está imponiendo en la salud, y en la educación y en todos los servicios una filosofía y unos métodos de evaluación meramente cuantitativos en los que los beneficiarios son lo último que se tiene en cuenta. Se trata de que las apariencias engañen. Lo que importa con esos métodos de evaluación es que la maquinaria parezca perfecta.

Hay que tener presente que la evaluación condiciona todo el proceso de trabajo. Al marcar unas pautas para conseguir el éxito, los profesionales son inducidos a la trampa. Porque, para tener éxito, tienen que ser peores profesionales. ¿No será un mejor indicador el hecho de que los pacientes quieran ser atendidos por un profesional porque se sienten bien tratados, bien diagnosticados y bien atendidos? ¿No es un buen indicador que un médico tenga muchos pacientes? ¿O los pacientes son imbéciles y quieren ir con quien es un desastre según la evaluación oficial?

Es un signo propio de los tiempos neoliberales en los que nos hemos instalado. El eficientismo es lo que cuenta. La consecución de resultados es lo que importa. La productividad. La competitividad. La cuantificación.

Otro defecto que tienen estas políticas eficientistas es que se elaboran y se imponen sin escuchar ni contar con los profesionales. Y, sobre todo, con los buenos profesionales. La perversión puede ser total cuando todos se pliegan y se someten a esos planteamientos. Los mejores dejan de serlo. Los mediocres se encuentran en su salsa y los malos profesionales, con un pequeño esfuerzo, logran sobrevivir. Con el mero cumplimiento (es decir: cumplo y miento).

Pero claro, como se manejan números, como se hacen estadísticas, como se presentan gráficas a la opinión pública y a las jerarquías, se consigue que todo cuadre, que todo encaje. Así muere la iniciativa, la crítica, la pasión por el trabajo, el esfuerzo, la pretensión de mejora. El engaño se instala en las instituciones y en las políticas que las rigen y se produce el "síndrome del eficientismo", que consiste en alcanzar buenos resultados a toda costa, sin que importen absolutamente los procesos que conducen a ellos. Nadie mejor que una persona obsesionada por lo cualitativo, por la verdadera calidad, para saber que cien gramos de oro son algo muy distinto a cien gramos de arena.

¿Qué es lo que se debe hacer? Aquello que conduzca al éxito, tal como lo entienden quienes gobiernan. El círculo nace en la voluntad de los legisladores y se cierra después de haber pasado por los profesionales cumplidores y acríticos. No se puede discrepar porque caes en desgracia. Sin embargo, quienes se acomodan a las exigencias del poder y lo adulan diciendo que esa es una forma rigurosa de proceder, salen ganando. Cuando en una sociedad o en una institución los aduladores prosperan y los críticos son condenados al ostracismo o a la persecución, bien podemos hablar de una sociedad o de una institución corrompida.

No pasa esto sólo en el área de la salud. El fenómeno se está generalizando en el marco de una cultura neoliberal obsesionada por los resultados, por la competitividad, por la productividad indiscriminada, por la imagen que generan los datos. La dignidad de la persona queda difuminada en ese marasmo de números. La calidad de los procesos desaparece frente a la transcendencia del resultado obtenido. La opinión de los protagonistas se diluye detrás de los cuadros de barras. Más que por los resultados, por las estadísticas de esos datos. Pero ya se sabe lo que decía Winston Churchill: "Sólo me fío de las estadísticas que yo he manipulado previamente". Hay quien piensa que donde hay número hay ciencia. Y que donde hay ciencia hay verdades indiscutibles. No es cierto. Los datos, sometidos a tortura, acaban confesando aquello que desea quien los maneja.

Alguien puede pensar que mi postura está alejada de la exigencia, de la necesidad de la evaluación y del control. Nada más alejado de la realidad. Creo que es necesario evaluar con rigor lo que hacemos, sobre todo quienes trabajamos en los servicios públicos. Pero hay que evaluar de forma rigurosa, no de forma adulterada.

El verbo ser es un pescado

Una profesora de un instituto de Málaga me abordó un buen día cuando salía de su centro y me dijo que ella no había reprobado nunca a un alumno. Me quedé sorprendido ante semejante afirmación. No sabía por dónde iban los tiros. Hasta que caí en la cuenta. Quería decir que los alumnos se reprueban a sí mismos cuando son vagos, o cuando son torpes, o cuando…, pero que ella no desaprobaba a nadie. Qué error

Discrepé de su planteamiento. Le dije que no pensaba que la realidad fuera esa, que no existía una actuación plenamente objetiva cuando se trataba de acciones de sujetos humanos, por consiguiente subjetivas. Le dije que los profesores evaluábamos algunas veces no solo con subjetividad sino con evidente arbitrariedad. Y, a veces, con crueldad.

Pienso que existe un indiscutible componente subjetivo en la evaluación. Bastaría, para comprobarlo, dar el mismo ejercicio a un grupo de profesores para ver las importantes diferencias en la aplicación de criterios. Y no existe la subjetividad solo en la corrección, también está presente en el diseño y el desarrollo de la evaluación. Hay profesores que generan un clima de tensión y de miedo insoportables. Hay profesores que seleccionan las pruebas de manera… muy subjetiva. ¿Quién no ha oído decir cosas de este estilo?:

–Voy a ponerles un examen que se van a enterar. Porque han tenido un comportamiento inaceptable…

Nada hay más subjetivo que una prueba objetiva. Se puede confeccionar una prueba objetiva para que aprueben todos, para que reprueben todos o para que apruebe el cinco por ciento… Según la subjetividad más pura del evaluador. Y, después de corregida mediante la fórmula matemática de aciertos menos errores partido por ene menos uno, se puede decidir que para aprobar hace falta haber obtenido la puntuación que se desee.

Hay, además de las diferencias de criterio, dificultades objetivas de interpretación. A un alumno de pocos años le preguntó el profesor de religión:

–¿Cuáles son los fines de la misa?

Armado de lógica, el alumno respondió con aplomo y rapidez.

–Podéis ir en paz, demos gracias a Dios.

¿Respondió mal? No lo sé. Respondió probablemente a otra cosa. Siempre he tenido la sensación de que para acertar con las respuestas es necesario saber qué es lo que quieren saber los evaluadores.

Me cuenta un profesor asistente al curso sobre evaluación que he impartido recientemente en la Facultad de Políticas y Sociología de la Universidad de Granada la siguiente anécdota.

Le formulan a un alumno la siguiente pregunta: ¿Qué es el verbo ser? Y él contesta: El verbo ser es un pescado.

La respuesta resulta desconcertante. Pero tiene una explicación cargada de lógica. El libro de texto decía textualmente: "El verbo ser es un mero soporte gramatical al servicio de un verbo". Cuando el niño, para preparar el examen, lee en casa este enunciado le pregunta a su padre:

–Papá, ¿qué significa mero?

–El padre, que desconoce el contexto de la pregunta, responde:

–Hijo, el mero es un pescado.

De ahí la respuesta del niño: El verbo ser es un pescado. ¿Está totalmente equivocado? ¿No ha respondido con lógica?

La lectura de algunos párrafos de una de las novelas de Federico Moccia, *A tres metros del cielo*, primera de las obras concatenadas del exitoso autor italiano, conduce de la mano al escabroso tema de la subjetividad en la evaluación.

Dice así: "Giacci (una profesora que se ha sentido humillada por una alumna que ha hecho público un grave error suyo) pone un cuatro en el ejercicio que está corrigiendo. La pobre inocente se merecía algo más. La maestra sigue hablando sola. Pepito (el perro) se duerme. Otros ejercicios son sacrificados. En días más serenos, podría haber llegado tranquilamente al suficiente".

Todo el mundo sabe que, dependiendo de quien sea el profesor y el evaluador, el resultado será distinto y, a veces, muy distinto. Basta comparar las estadísticas de aprobados y suspensos de los alumnos de la misma disciplina y el mismo curso impartidas por profesores diferentes. Conozco colegas con un criterio sumamente exigente y otros con una postura abiertamente permisiva. Los primeros cosechan tasas de fracaso elevadísimas mientras los segundos no reprueban a nadie o a muy pocos. Con algunos todo es fácil, con otros todo es difícil.

Veamos. En un Colegio (hablemos si se prefiere de la Universidad, para el caso es lo mismo) hay dos cursos en los que se imparte la misma asignatura. Se trata de 1º A y de 1º B. Supongamos que los alumnos del profesor de 1º A tienen unos resultados desastrosos, más del setenta por ciento de fracaso, y los del profesor de primero B obtienen excelentes resultados. ¿Por qué esa diferencia? Si le preguntamos al profesor de 1 ° A nos dirá, quizás, que el grupo de alumnos y alumnas que le ha tocado es peor que el otro.

Si le preguntas si se han dividido los grupos según la capacidad y aplicación de los alumnos y alumnas, es probable que te diga que no, con lo que viene a decir que hay una ley demográfica sorprendente según la cual los niños nacidos en tal año se agrupan en buenos y malos estudiantes según la letra de su primer apellido. De la A la L están los aplicados y de la L a la Z los malos estudiantes.

Al año siguiente le damos al profesor de 1º A los alumnos que van desde la L a la Z. Previsiblemente los resultados tendrían que estar invertidos. Pero no. Se repiten parecidos porcentajes de éxito y fracaso. Y el profesor dirá que le han vuelto a tocar los más torpes. La ley demográfica es más compleja de lo que habíamos supuesto: los alumnos nacen torpes o listos según las agrupaciones escolares. Un año los torpes están de la A a la L y al año siguiente de la L a la Z.

Si al tercer año, una vez alfabetizados los alumnos, le damos los pares, no podrá decir el profesor de 1º A que le han tocado los alumnos más torpes. Pues lo dice. Y generaliza la causa: es que yo tengo mala suerte. Me tocan siempre a mí. No piensa que quienes realmente tienen mala suerte son sus alumnos y alumnas.

No quiero decir con estas líneas que todo en la evaluación sea arbitrario. Sí que es subjetivo. Lo cual no constituye una crítica al profesorado sino una llamada de atención para que actuemos con racionalidad y con justicia. Mejor será decir con equidad. La justicia da a todos por igual. La equidad da a cada uno lo que se merece.

He de añadir que hay algunas de esas dimensiones arraigadas en la subjetividad que pueden ser justificadas racionalmente. Pero otras son del todo arbitrarias: perdió el equipo favorito de fútbol, el ejercicio anterior era extraordinario, el dolor de estómago resultaba insoportable, el alumno ha hecho la vida imposible al profesor... En conclusión, si no se reconoce la existencia de este componente subjetivo, no se podrá mejorar la evaluación.

Escrito en la piel

¿Qué hace falta para que la vida nos enseñe de forma eficaz? ¿Por qué se repiten de manera tan mecánica los errores de los que hemos sido víctimas? ¿Por qué no leemos con más frecuencia, detenimiento y eficacia lo que la vida ha escrito, a sangre y fuego a veces, sobre la piel?

Me sorprende sobremanera la facilidad con que se repiten los errores habiendo sido víctima de ellos. Hijos que han sufrido incomprensión se convierten en padres que no hacen esfuerzo alguno para comprender a sus hijos. Pacientes que han sido maltratados por la insensibilidad de los médicos y que luego se convierten en médicos insensibles. Alumnos que han sido objeto de evaluaciones rígidas, autoritarias, irracionales y que luego se convierten en profesores que practican una evaluación irracionalmente autoritaria. ¿Cómo es posible que en tan corto tiempo se haya olvidado todo lo que se ha vivido?

Lo que nos da a todos la experiencia, de forma inexorable, son años. No nos da, automáticamente, sabiduría. No nos da, sin más ni más, compromiso con la acción y solidaridad con las personas más desfavorecidas. Para que la experiencia se convierta en sabiduría (que, etimológicamente tiene que ver con saber y con gustar, ya que el verbo saber procede del latín 'sapere'=saborear) hacen falta varias exigencias:

- Observar con rigor lo que sucede. Hay personas que pasan por la experiencia sin enterarse de nada, sin aprehender sus significados, sin descubrir los hilos invisibles que se mueven entre bastidores.
- Analizar críticamente lo que sucede, comprendiendo las causas y las consecuencias. Existe una forma de entender la realidad que la considera ahistórica, es decir que no depende de decisiones humanas. Como si las cosas fuesen como son porque no pudiesen ser de otra manera.

- Voluntad de asimilar en la propia historia aquello que se ha descubierto. La actitud positiva hacia el conocimiento es un componente *sine qua non* para que se produzca un aprendizaje significativo.

Para que luego se lleve a la práctica ese aprendizaje hacen falta algunas exigencias complementarias:

- Un compromiso con la práctica profesional que rompa las rutinas incorporadas a la forma de entender y de vivir la profesión. Muchos docentes actúan por inercia: cómo han actuado los docentes que han tenido y cómo actúan los docentes que los rodean.
- Que el entorno permita poner en práctica experiencias que sean originales, que se salgan del planteamiento hegemónico. Si el sistema asfixia la innovación, se actuará de forma homogénea.
- Autoridades que concedan libertad para la innovación y la creatividad. No es igual plantearse la práctica profesional bajo el lema: "que todo siga igual, salvo que sea necesario cambiarlo" que bajo el opuesto: "hay que cambiarlo todo, salvo que se demuestre que merece ser mantenido".
- Clima que no asfixie el intento de transformación de las prácticas innovadoras. En un contexto entregado a las rutinas es frecuente que se produzca la fagocitosis de quien desea ser innovador.
- Condiciones favorables para llevar a la práctica los cambios: tiempo, número de alumnos, leyes coherentes con la práctica educativa enriquecedora. Las contradicciones entre las proclamas legales y las exigencias prácticas son a veces clamorosas.

En una ocasión pedí a los más de cien alumnos y alumnas de la asignatura de 'Evaluación de Alumnos, Centros y Programas' que escribieran lo que habían aprendido en las evaluaciones recibidas a lo largo de su paso por el sistema educativo. Me impresionó leer los textos redactados anónimamente. En primer lugar porque a pesar de que la consigna que les había dado, se refería a lo más significativo (no a lo negativo solamente), casi la totalidad de las experiencias tenían un contenido doloroso. En segundo lugar, porque los sentimientos adquirían un peso extraordinario en las reacciones.

Seleccionaré para el lector algunos fragmentos de los relatos que hicieron mis alumnos, futuros maestros y maestras: "Recuerdo de siempre la evaluación como algo terrible, ya que me causaba y me causa muchos nervios, ansiedad y estrés".

Es frecuente que tengan arraigado el sentimiento de injusticia. Piensan que una forma de evaluar impersonal, homogeneizadora, presionante, rígida, memorística, provoca situaciones injustas: "Al igual que todos mis compañeros he recibido calificaciones injustas en las que me esperaba una buena nota y me suspendieron".

El miedo aparece entre los testimonios como un sentimiento que nace más de la forma de ser del profesor que del hecho mismo de la evaluación: "Recuerdo sobre todo un aspecto negativo de la evaluación. La profesora explicaba, mandaba hacer los ejercicios diariamente y el día que se le cruzaban los cables sacaba sus bolígrafos (por cierto, aún recuerdo cómo eran) y nos poníamos a temblar…".

La autoridad que tiene el profesor en el aula hace que los alumnos, sobre todo en edades tempranas, reciban la influencia de sus apreciaciones con mucho énfasis emocional: "Un día hicimos un examen y yo lo suspendí con un 2, él me llamó a su mesa y me avergonzó delante de los demás, me peleó porque estaba acostumbrado a que sacara muy buena nota".

Una alumna hace referencia al hecho de recibir comentarios negativos en público debiendo, además, dar las gracias por ello: "Usted no tiene ni idea, señorita", delante de una clase de 30 alumnos, encima de una tarima, sola y… encima tener que decir: muchas gracias, profesor".

Muchos informantes hablan, a veces con dolor, a veces con rabia, sobre las experiencias que han vivido en el proceso evaluador: "Me hundieron. Desde ese año no tengo miedo, tengo pánico a los exámenes".

La evaluación encierra importantes fenómenos psicológicos. Uno de los que tienen mayor repercusión en los alumnos son las profecías de autocumplimiento que hacen los profesores, a todo el grupo, a un grupo pequeño o a personas concretas de los mismos: "Carolina (el nombre es supuesto), tienes mucha fuerza de voluntad, pero… esto no es lo tuyo".

Me asalta, al pensar en sus vivencias, la duda de si ellos repetirán en sus prácticas las experiencias vividas, aunque hayan resultado tan sangrantes. ¿Leerán mis alumnos lo que la historia de sus evaluaciones ha ido escribiendo en su piel?

¿Viene "PISA" del verbo pisar?

Ante algunos efectos producidos por los resultados del Informe PISA (2006), se diría que el acróstico con el que se conoce el famoso informe de la OCDE sobre el aprendizaje de los escolares de quince años corresponde a la tercera persona del singular del presente de indicativo o al modo imperativo del verbo PISAR. Yo piso, tú pisas, él PISA... O bien: PISA tú... a quien esté debajo o a quien se pueda pisar.

La finalidad fundamental del Informe, sobre el papel, es: mejorar la calidad de la educación. ¿Para qué sirve, realmente? Pues muy sencillo (y ya sé que esta es una simplificación abusiva): para que los que están arriba pisen a los que están en el medio y los que están en el medio a los que están debajo. Ocurre con los resultados del Informe lo que pasa con las grajillas de las que hablaba el etólogo Konrad Lorenz. La grajilla A pica a la B, a la C, a la D... y no puede ser picada por ninguna. La grajilla B puede picar a todas las que están por debajo y sólo ser picada por la A. Y así sucesivamente.

Por otra parte, los que están en la oposición pisan a quienes están en el Gobierno, los que están en el Gobierno pisan a las familias, las familias pisan al profesorado, los profesores pisan a los alumnos y los alumnos pisan a los profesores... Yo piso, tú pisas, él PISA...

En lugar de convertir el Informe en una oportunidad de reflexión y de impulso hacia la mejora, se utiliza como un arma arrojadiza contra quien interesa. El caso es convertirlo en una piedra. Basta repasar los titulares de prensa. Basta escuchar las declaraciones de los políticos y de muchos periodistas y de muchísimos ciudadanos para ver que se está desperdiciando una buena oportunidad para el análisis y la toma de decisiones. En el Informe español realizado por el MEC (2006) se dice que se trata de "un punto de partida", pero muchos lo convierten en una conclusión irrevocable e indiscutible que tiene el fin en sí misma.

Ya se sabe que los datos, sometidos a tortura, acaban confesando lo que quiere quien los maneja. Y quien maneja los datos del Informe PISA puede sacar una conclusión catastrofista sobre el funcionamiento de un sistema que está a años luz del que tuvimos quienes nos formamos en él hace medio siglo. Quien maneja interesadamente los datos puede concluir que los profesores de hoy son un desastre o que la LOGSE abolió el esfuerzo de los escolares, o que la comprensividad es un disparate. Y así sucesivamente.

No quiero que estas líneas se entiendan como una descalificación del Informe sino como una llamada a la relativización, lo que permitirá comprenderlo y utilizarlo adecuadamente. Descalificarlo, cuando los resultados no son favorables, es una torpe e interesada disculpa para no reconocer las limitaciones y los errores. Claro que dice cosas, claro que enseña cosas, pero hay que contextualizarlas e interpretarlas adecuadamente.

Las simplificaciones son muy peligrosas. Además, esas simplificaciones llegan al gran público a través de titulares escandalosos. "España es el furgón de cola de Europa y Andalucía el furgón de cola de España", "Resultados catastróficos", "Fracaso del sistema educativo español", he leído a raíz del Informe de 2006.

No se puede comparar lo que es incomparable. Las condiciones, la historia, la configuración de los grupos, el nivel cultural de las familias, las expectativas... Hay que relativizar la comparación. El Informe no hace comparaciones agraviantes, pero induce a que se formulen de manera casi inevitable. No se puede poner a competir a quien tiene condiciones tan diferentes para la carrera. Un cojo, un lisiado, un obeso, un paralítico... O a quien tiene unos impedimentos que le dificultan el avance. Por ejemplo, alguien que tuviera una bola de hierro atada a un pie o una cadena amarrada a una estaca que le sujeta el tobillo. Pueden competir, claro está. Pueden compararse sus logros, pero nadie me negará que la comparación perjudica a unos y beneficia a otros.

La estandarización de las pruebas, encaminada a establecer una comparación, resulta peligrosa. Para hacer una buena comparación hay que tener en cuenta el origen, el punto de partida de cada país, de cada comunidad. Uno puede estar en el puesto número 10, pero si se olvida que ha avanzado treinta puestos, se comete una clamorosa injusticia. Y otro, que ahora es quinto, ha podido retroceder respecto a una edición anterior del Informe. El puesto es siempre relativo. Si compiten dos, el primero es penúltimo y el último es segundo. Los puestos son, pues, relativos.

Sólo se tienen en cuenta los resultados. Son importantes, cómo no. Pero una buena evaluación no puede olvidarse de los procesos que conducen a ellos Los resultados no pueden comprenderse sin los procesos. O, mejor dicho, no tienen el mismo significado que si se contemplan desde el análisis de los procesos que han conducido a ellos. Al no preocuparse de los procesos, el Informe no ofrece suficientes explicaciones de por qué no se ha conseguido en alto grado, o en grado suficiente al menos, aquello que se pretendía alcanzar.

La perversión de estas pruebas puede producirse cuando los Centros se pongan a trabajar para el Informe. Es decir, que lo más importante no sea la enseñanza y el aprendizaje que se realiza en las aulas y en la escuela sino obtener un buen resultado en el Informe. Quedar bien ante la opinión pública. ¿Para qué un programa de educación para la convivencia? ¿Para qué un proyecto de coeducación? ¿Qué importancia tiene un plan de prevención del SIDA? Si todo ello no contribuye a tener mejores resultados, es tiempo perdido. Proceder de esta forma es colocar el carro antes que los bueyes. Conseguir un buen resultado se convierte en la meta absoluta.

Cuando existen deficiencias, lo peor que podemos hacer es echar la culpa a cualquier otro. Lo razonable es analizar qué puede hacer cada sector, qué puede hacer cada uno para mejorar la educación.

El primero de la clase

Vivimos en una época en la que nada se entiende sin que la competitividad lo atraviese de parte a parte. Hay que competir en el deporte. Es decir, hay que ganar. Hay que competir en el comercio. Es decir, hay que ganar más que el otro. Hay que competir en la educación. Es decir, hay que saber más que los otros.

Recuerde el lector aquella curiosa competición por tener el mejor de los bares que se abrían en la calle. 'El mejor bar de la ciudad', puso el dueño en el cartel. 'El mejor bar de España', escribió el segundo en el rótulo anunciador. 'El mejor bar del mundo', tituló un tercero. El cuarto propietario escribió: 'El mejor bar de la calle'.

La finalidad es ganar. Ser mejor que el otro. No se trata de ser el mejor de uno mismo sino de conseguir desbancar a los demás. La televisión está llena de concursos y competiciones de este tipo: 'Gran hermano', 'Operación Triunfo', 'La isla de los famosos', 'Gran Prix', 'La casa de no sé quién'... El eje de todos ellos es que hay que competir y ganar. Y ahora, lo que faltaba. Acaba de presentarse en la primera cadena de televisión española, cadena que sufragamos entre todos, un programa nocturno que termina a las 00.30 horas y que se hace con niños y supuestamente para niños. Consiste en que ocho chicos y chicas compiten por llegar a ser el primero. El programa, para que no haya dudas, se titula 'El primero de la clase'. ¿Y el que no sea primero, aunque se haya esforzado al máximo? ¿Y el que no consiga ser el primero, aunque sea una persona trabajadora e inteligente? ¿Y el que no sea primero en contestar esas preguntas de opción múltiple que parece que tienen una única respuesta válida e indiscutible, aunque sea bueno pensando, bailando, pintando, escribiendo, relacionándose y ayudando? Y si una chica gana y es primera, ¿seguirá llamándose primero? El programa tiene algunas facetas interesantes, como la consideración de la vida emocional, pero el eje competitivo sobre el que gira no me gusta.

Las muestras de júbilo cuando el niño acierta o cuando el presentador proclama las puntuaciones y dice quién va primero son impresionantes. Ganar, ganar, ganar a los otros. Llegar a ser el primero. Conquistar esa beca soñada desbancando a los demás. No importa el proceso, importa el resultado. No importan las condiciones de partida, importa el tiempo de llegada. Importa ocupar el primer lugar en el ranking. No en un grupo sino individualmente.

No sé si conoce el lector un hermoso relato de Carlos Joaquín Durán titulado 'Virtudes Choique'. Virtudes era una docente que trabajaba en una escuela situada al pie de un cerro. Era la única docente del lugar y se encargaba de tocar la campana, de hacer la limpieza, de trabajar la parcela. Era robusta, morena y tenía a su cargo 56 niños. Dice Joaquín Durán que "estaba llena de inventos, de cuentos y de expediciones". Los chicos no se perdían ni un solo día de clase: además de jugar con ellos les escuchaba sus historias.

Un día, uno de los niños, Apolinario Sosa, llegó a su casa con una notita de la maestra que aseguraba a los padres que su hijo era el mejor alumno de la clase. Al día siguiente, otro niño llevó a su casa una nota parecida, y así otro niño y otro más, hasta que los 56 niños llevaron a su casa el mismo mensaje de la maestra que aseguraba a los padres que su hijo era el mejor alumno.

Y no habría pasado nada si, al recibir la notita, el boticario hubiera reaccionado como los otros padres. Contrariamente a los demás, este decidió hacer una gran fiesta y procedió a escribir una carta a la señorita Virtudes en la que la invitaba, y también a todos los niños y a sus familias, para el sábado siguiente. Se armó un buen revuelo. Cada niño lo comentó en su casa y, como ocurre siempre con la gente sencilla, nadie faltó a la fiesta y todos estuvieron dispuestos a divertirse.

En medio de la reunión, el boticario pidió silencio para anunciar la razón del festejo: los había reunido para comunicarles que su hijo había sido nombrado por la maestra el mejor alumno de la clase. Y los invitó a todos a brindar por su hijo que había honrado a su padre, al apellido y al país.

Nadie levantó el vaso; en contra de lo esperado, nadie aplaudió. Los padres empezaron a mirarse unos a otros bastante serios; el primero en contestar fue el padre de Apolinario Sosa que dijo que no brindaba, porque el 'único mejor' era su hijo. Inmediatamente el padre de una niña ya casi se le acercaba para pegar al señor Sosa diciéndole que la 'única mejor' era su hija.

Comenzaron los gritos, los insultos, las peleas. Lo peor fue que empezaron a acusar a la maestra como la culpable de aquel conflicto. Un padre dijo: Aquí la responsable de todo es la señorita Virtudes Choique, que ha mentido, nos ha dicho a todos los padres lo mismo: que nuestro hijo es el mejor alumno.

Y Virtudes, que hasta ese momento había permanecido callada, tomó la palabra y dijo: Yo no les he mentido y voy a darles ejemplo de que lo que digo es verdad: cuando digo que Apolinario Sosa es el mejor alumno no miento, porque si bien es desordenado, es el más dispuesto a ayudar en lo que sea. Tampoco miento cuando digo que aquel es el mejor en matemáticas, pero no es precisamente muy servicial. Y aquella que es una peleadora de primera es la mejor escribiendo poesías. Y aquel, que es poco hábil para la Educación Física, es el mejor alumno en Dibujo. ¿Debo seguir explicándolo? ¿No lo entienden? Soy la maestra de todos y debo construir el mundo con estos chicos. Pues entonces, ¿con qué levantaré la sociedad, con lo mejor o con lo peor?

Poco a poco cada padre fue buscando a su hijo. Los mayores estaban muy serios, en cambio los chicos estaban todos contentos. Poco a poco cada padre fue mirando a su hijo con ojos nuevos, porque hasta ahora habían visto sobre todo el defecto. Los padres fueron comprendiendo que cada defecto tiene su virtud que le hace contrapeso y que es necesario destacar, subrayar y valorar. El boticario, que era el organizador de la fiesta rompió el silencio y dijo: "Bueno, la comida ya está preparada y debemos multiplicar este festejo por 56".

No me gusta la obsesión por la competitividad. Si conseguimos que cada niño se sienta el mejor de su escuela, el mejor de sí mismo en la escuela y en la familia, habremos avanzado un gran trecho. Suscribo con entusiasmo el pensamiento de Ernesto Sabato: "La búsqueda de una vida más humana debe comenzar por la educación".

Segovia es un verbo

Otra vez estamos metidos en fechas de evaluaciones. Decimos que la evaluación debe ser continua pero el sistema no acaba de romper las viejas rutinas. Así que sigue habiendo tiempos de aprendizaje y tiempos de exámenes. Mal asunto, a mi juicio.

La lógica de las respuestas a las preguntas de las evaluaciones escolares suele tener una mecánica muy simple. Hay una exigencia básica: las respuestas tienen que acomodarse a las demandas del evaluador. Y las demandas del evaluador están claramente plasmadas en el libro de texto.

Cuando preparas con un escolar un examen tienes que acudir al libro de texto. En él se encuentran la pregunta y la respuesta. Esta tiene que reproducir lo que el texto enuncia. Las preguntas se extraen del texto con la misma precisión que han de tener las respuestas que se exigen.

Puede que haya lógica en la contestación del alumno, pero esta no valdrá si no reproduce exactamente lo que se pide. Ya sé que no sucede siempre. Ya sé que no sucede con todos los profesores. Algunos, para instalarse en estas prácticas, se escudan en el hecho de que en fases superiores del sistema los alumnos van a tener que hacerlo así, mecánicamente. Así van preparados, dicen. Es como si hubiera que practicar la violencia para poder ir a la guerra. En lugar de romper esas prácticas simplistas se acentúan propedéuticamente.

Se suele premiar la repetición y la memorización pero no la creatividad y el ingenio. Sé que hay que ejercitar la memoria, sé que la memoria es una parte esencial del ser humano. Sin memoria no tendríamos conciencia de nosotros mismos. Pero la memorizar sin comprender mata la creatividad y el pensamiento divergente. Mientras más simplista y esquemática es la respuesta, más seguridad tiene el evaluador en la corrección.

Mi querido amigo Marcos, maestro inquieto e investigador incansable, me cuenta que le preguntó no hace mucho a uno de sus alumnos:

–¿Qué es Segovia?

El niño contestó con aplomo:

–Segovia es un verbo.

–¿Por qué un verbo?, quiso saber el profesor.

–Pues porque se dice yo me agobio, tú te agobias, él "sagobia".

La respuesta del niño tiene su lógica, pero será desestimada por un evaluador al uso. Tiene su ingenio, pero está alejada de la ortodoxia de las respuestas. Se le colocará una raya descalificadora. Mal. No será utilizada para la reflexión y el aprendizaje. Por el camino de los errores se puede avanzar de forma expedita hacia el descubrimiento de la verdad.

La evaluación está más orientada a la repetición que a la comprensión, más preocupada por el dominio de algoritmos que por las estrategias de reflexión, más atenta a lo que hay que reproducir que a lo que hay que descubrir o inventar, más pendiente por reproducir que por aplicar.

Es importante saber qué es lo que piensa el evaluado, qué es lo que tiene en su cabeza, qué es lo quiere saber y qué es lo realmente sabe. Lo explicaré con un ejemplo (espero no incurrir en aquella chocante aclaración: y ahora, para complicarlo más, pondré un ejemplo). Un niño le hace a su mamá esta embarazosa pregunta:

–Mamá, ¿qué significa pene?

De forma improvisada y un tanto aturdida la madre da una respuesta describiendo lo más someramente posible el miembro viril. Y corta de forma brusca la explicación para decirle al niño.

–¿Por qué me haces esa pregunta?

Ante el asombro de la madre el niño contesta:

–Porque he leído en un libro de la asignatura de religión: "Para que el alma no pene".

La lógica de las respuestas tiene algunos recovecos, que van más de la mecánica simplista de la repetición. Una profesora de la Universidad de Playa Ancha, en Santiago de Chile, contó al terminar una conferencia que impartí sobre evaluación la siguiente anécdota.

–A un niño le preguntaron en clase cuál era la palabra opuesta a claro (nombre de una compañía de telefonía móvil). El niño, en lugar de decir oscuro, contestó: Entel (la compañía telefónica de la competencia).

La profesora preguntaba por un antónimo y el niño contestó, con cierta lógica, usando otro eje de contraste y oposición distinto al usual.

Valorar el ingenio. Valorar el pensamiento divergente. Pocas veces se hace. No sé dónde leí una anécdota sobre evaluación que enlaza con la línea de argumentación que estoy sosteniendo aquí.

Un profesor le preguntó a un alumno qué haría si estuviese pilotando un avión y el rayo de una tormenta incendiase uno de los motores. El alumno respondió que pondría en marcha el motor de repuesto. Insistió el profesor en lo que haría si se incendiase otro motor a causa de una nueva tormenta. El alumno dijo que sustituiría el motor averiado por uno nuevo. Se lo vuelve a preguntar una y otra vez y el alumno, imperturbable, da la misma respuesta.

Hasta que el profesor, un tanto irritado, dice:

–¿Se puede saber de dónde saca usted tantos motores?

–Del mismo lugar del que usted saca tantas tormentas –contesta con rigurosa lógica el alumno.

Ingenio muestra este alumno que está siendo examinado de francés y no sabe la respuesta a una pregunta que se le formula.

–¿Cómo se dice en francés ven aquí?

El alumno contesta con rapidez y precisión:

–Viens içi.

–Dígame ahora cómo se dice vete allí.

El alumno no conoce la respuesta. Se queda pensativo unos segundos y dice:

–Pues me voy allí y desde allí digo: *viens içi.*

En algunas ocasiones, lo que hace el evaluador, es buscarle tres pies al gato. Es decir, intentar cazar al alumno en un renuncio. Hay preguntas trampa, hay preguntas capciosas, hay preguntas que tienen la finalidad de no encontrar respuestas. Es más, hay formas de valorar las respuestas que solo tienen que ver con el deseo de sorprender en un renuncio. Es el síndrome del "te pillé".

Desvela este vicio memorístico del que estoy hablando la siguiente advertencia de un profesor a sus alumnos:

–Esto es muy importante, tenéis que aprenderlo de memoria. Bueno, si alguno no es capaz de aprenderlo de memoria, lo puede decir con sus propias palabras.

¿No será más pertinente decirles que si no son capaces de decirlo con sus propias palabras se limiten a repetir de memoria lo que dice el libro?

En un aula, dice Doyle, pueden realizarse tareas de diverso tipo: memorizar, aprender algoritmos, comprender, analizar, comparar, dar opinión, investigar, crear. Todo el mundo pensará que esta relación de actividades está ordenada de menor a mayor complejidad intelectual. Pero, si tenemos en cuenta la frecuencia con la que estas actividades están presentes en las evaluaciones, es probable que piensen que la jerarquía se presenta en orden inverso, es decir de más a menos.

La evaluación es un fenómeno complejo. Ojalá lo utilicemos para aprender y no solo para comprobar, clasificar y seleccionar. Hace años titulé así uno de mis libros: *Una flecha en la diana. La evaluación como aprendizaje*. Aprendizaje para quien enseña y para quien aprende. La evaluación de los alumnos y alumnas puede ser un excelente medio de aprendizaje para el profesorado. Que así sea.

Trampa y cartón

En la sociedad de la eficiencia, dominados por la cultura del éxito, es fácil caer en la tentación de evaluar las instituciones, los programas y los proyectos, a través de la consideración exclusiva de los resultados. Lo que no se puede medir, no existe. Lo que no ha conducido a un logro final no ha merecido la pena. El proceso conducente a la consecución de los fines no tiene la menor importancia.

Sucede en todos los ámbitos de la realidad. Una empresa funciona bien si ha conseguido buenos dividendos, un alumno ha sido un buen estudiante si ha aprobado todas las asignaturas, un servicio ha sido excelente si ha atendido a un número grande de beneficiarios. No importa que la empresa haya conseguido los beneficios robando, que el estudiante se haya esforzado poco en aprender y que el servicio a cada usuario haya sido deplorable. Lo importante es alcanzar un logro cuantificable. El esfuerzo realizado, la situación de partida, la cualidad del trabajo importan poco.

El mecanismo parece simple y perfecto. Me propongo unos objetivos y evalúo el éxito en la medida que estos han sido alcanzados. Y compruebo el éxito a través de mediciones cuantificables. No hay error posible, no hay trampa ni cartón. La comparación, así, es fácil e incontestable. Ocho es más que cinco y cinco es más que tres. Se acabó la discusión.

Pues no. Aquí hay trampa y cartón. La primera trampa es pensar que si los objetivos son claros y operativos, la evaluación será incontestable. (Me ha llamado la atención ver en el aeropuerto de Madrid, reeditado, el famoso y por algunos denostado libro de Mayer *Formulación operativa de objetivos didácticos*. Tiene más de treinta años.) Fíjese el lector algunas preguntas que este mecanismo silencia: ¿quién fijó los objetivos?, ¿son objetivos verdaderamente importantes? (porque si eran estúpidos, mientras más se consigan, peor). ¿Podían ser

otros? ¿Hace falta un esfuerzo razonable para alcanzarlos?, ¿podrían ser otros?, ¿han de ser iguales para todos?, ¿qué se ha conseguido mientras se trataba de alcanzarlos?, ¿quién dice que se han conseguido?, ¿hasta cuándo dura su adquisición?, ¿para qué sirve alcanzar esos objetivos?...

Hay más trampas y más cartones. Por ejemplo, el comparar lo conseguido por unos y por otros cuando se parte de condiciones, de capacidades y de medios diferentes. Comparar lo incomparable es poco razonable y bastante injusto. Cinco puede ser mucho más que ocho y tres mucho más que cinco y que ocho desde otra perspectiva, desde otro modo de asignar valor a los números. ¿Cómo es posible comparar los resultados de dos industrias, de dos Universidades, de dos empresas, de dos personas... que tienen distinto punto de partida, distinto potencial, distinta capacidad, distinta historia, distinta finalidad?

La trampa más importante es que se olvida el valor del proceso. Se ignora todo lo que ha sucedido mientras ha durado el intento de llegar al logro. Y eso es, a veces, lo más importante. Se olvida si ha existido esfuerzo, si se ha hecho todo lo posible, si se han utilizado los medios disponibles, si se ha respetado la ética, si se han adquirido conocimientos importantes, si se ha puesto el cimiento para éxitos posteriores, si se ha trabajado sin sentir el látigo del autoritarismo, de la discriminación o del desprecio...

Abogar por la consideración de los procesos no significa renunciar a la exigencia o al rigor. Todo lo contrario. Significa evitar las trampas que hacen olvidar la verdadera exigencia y eliminar los cartones que impiden acceder a la visión rigurosa de la realidad. Alguien ha podido conseguir mucho haciendo trampas, sin el menor esfuerzo o a través del envilecimiento moral.

Me han contado, a propósito de esta evaluación que sólo está pendiente de los resultados, esta simpática y significativa historia. En un pueblo italiano viven dos personas del mismo nombre pero de diferente oficio. Los dos se llaman Giuseppe Nervi. Uno es el sacerdote del pueblo. El otro es el único taxista de la localidad. Ambos mueren el mismo día. Cuando llegan al cielo, San Pedro pregunta al primero que se acerca a su puerta:

–¿Cómo se llama?

–Giuseppe Nervi.

–¿El sacerdote?

–No, el taxista.

San Pedro analiza con suma atención su expediente. Le dice que se ha salvado y que, afortunadamente, le ha correspondido llevar en el cielo un manto de lino y un bastón de oro con incrustaciones de piedras preciosas.

Seguidamente se acerca el sacerdote, que ha sido testigo de la conversación anterior. Se presenta, muy ufano, como el sacerdote del pueblo.

San Pedro estudia su expediente y le dice que también se ha salvado, pero que le ha correspondido llevar un manto de esparto y un bastón de madera con pequeños trozos de piedra incrustados. El sacerdote, con firmeza y cierta indignación, alega:

–Permítaseme mostrar mi desacuerdo por este agravio tan evidente. Yo he sido el párroco de esta localidad durante setenta y cinco años. He cumplido siempre con mi deber, he visitado a los enfermos, celebrado misa, administrado los sacramentos y pronunciado con fervor las homilías cada domingo… Sin embargo, el taxista era un desastre conduciendo: se subía a las aceras, chocaba contra los árboles, aparcaba en cualquier sitio, superaba la velocidad establecida, frenaba a destiempo, tenía accidentes cada dos por tres…

–Sí –dice San Pedro–, lo sabemos. Pero en el cielo hemos aprendido a evaluar como se hace en la tierra. Ahora sólo nos fijamos en los resultados. Y hemos visto que mientras usted pronunciaba las homilías todo el pueblo dormía, pero mientras el taxista conducía, los pasajeros rezaban.

TERCERA PARTE

DEL MAR DONDE DESEMBOCAN LOS RÍOS

Muchos piensan que la docencia es una profesión inespecífica. Creen que, para enseñar, basta saber o, simplemente, ser una buena persona. Dicen que la enseñanza causa automáticamente el aprendizaje. No es así. Una cosa es saber y otra, muy distinta, saber enseñar. O lo que es más difícil: saber despertar el deseo de aprender. O lo que es más difícil todavía: saber enseñar qué sentido tiene el conocimiento y cómo se puede utilizar al servicio de las personas y de los valores.

Todos somos (debemos ser) aprendices. Hay quien tiene la tarea de ayudar a que ese aprendizaje sea de carácter relevante y significativo. Lo que exige reflexión sobre qué es lo que se tiene que aprender, cómo se puede enseñar y cómo se puede comprobar que el aprendizaje se ha producido.

Muchos de esos aprendizajes se desarrollan en el ámbito escolar. Por eso es preciso interrogarse sobre las estructuras, los mecanismos y los medios que la institución pone al servicio de la enseñanza y el aprendizaje.

Otros aprendizajes se realizan en el marco de la institución familiar. Por eso resulta tan decisiva la intervención educativa de los padres y de las madres. No solo como colaboradores estrechos de la escuela sino como agentes fundamentales del desarrollo educativo.

Habrá mejor aprendizaje en la medida en que tengamos mejores alumnos, mejores profesores, mejores familias, mejores contextos escolares, mejores directores y mejores políticas sobre la enseñanza. No basta con atender uno solo de estos aspectos.

Se aprende leyendo, observando, investigando, escuchando, dialogando, haciendo. Siempre que los contenidos nuevos tengan una estructura lógica y psicológica que permita engarzarlos en los conocimientos previos del aprendiz. Siempre que este disponga de una actitud positiva y abierta al aprendizaje. El verbo aprender, como el verbo amar, no se pueden conjugar en imperativo. Sólo aprende el que quiere hacerlo.

He incluido esta tercera parte con la intención de que sea una herramienta útil para la enseñanza, el aprendizaje y la evaluación. Tiene la finalidad de despertar la reflexión, de provocar el diálogo y de avivar la motivación sobre aspectos esenciales del saber. En la escuela y en la familia.

El protagonista de esta parte es el lector. Es la lectora. Se trata de leer y, sobre todo, de hacer. Deseo que sea una parte de auténtica experimentación, no de simple aplicación. Experimentar supone "echar de ver en uno mismo una cosa, una impresión, un sentimiento", "hacer operaciones destinadas a descubrir, comprobar o demostrar determinados fenómenos o principios", "probar y examinar prácticamente la virtud o propiedades de algo" (RAE, 2001).

El lector (actor) puede recrear los ejercicios, reinventarlos didácticamente, transformarlos. Debe hacer de ellos un instrumento no sólo para enseñar sino para aprender.

Tengo sumo interés en decir que esta colección de ejercicios es una invitación a la reflexión, a la profundización, al sentido ético de la enseñanza y de la evaluación. Porque la práctica docente y el aprendizaje no son actividades asépticas, no son fenómenos meramente técnicos, sino profundamente morales.

A medida que se van repitiendo las prácticas se les va sacando más partido. La experiencia nos permite aprender si tenemos la mente abierta. Las aportaciones de los participantes, las intuiciones que ofrece la práctica, la reflexión sobre los resultados... van haciendo que se enriquezcan las futuras experiencias.

He tenido un problema de difícil solución al acreditar la autoría de ciertos ejercicios. Algunos me han llegado fotocopiados sin indicación de la procedencia, he visto hacer otros en cursos, talleres y seminarios, algunos han sido adaptados por mí en clases y conferencias. Varios se me han ocurrido a lo largo de mi ya larga experiencia docente. Este es un libro que nace de una trayectoria vital. De ahí la dedicatoria.

Una compañera y amiga de la Facultad me dijo hace tiempo: "Antes de irte (¿de este mundo, de la Facultad, del Departamento...?) tienes que dejar constancia de las prácticas que haces en las clases y en las conferencias". Pues bien, aquí están.

Algunos ejercicios están tomados de los siguientes autores:

Hostie, R. (1974) *Técnicas de grupo para educadores*. ICCE. Madrid.
Pallarés, M. (1993) *Técnicas de grupo para educadores*. ICCE. Madrid.

Me permito invitar al lector a crear sus propios ejercicios, a matizar los que aquí recojo. Y a ir recopilando y catalogando los que se encuentre en su trayectoria profesional.

Lo que uno hace se recuerda con mayor eficacia que lo que ve que otros hacen. Lo que ve que otros hacen, a su vez, se recuerda mejor que lo que escucha a otros contar sobre lo que otros han hecho. Los que sólo oyen recuerdan con menos eficacia. Por eso, estas prácticas son para hacer, para ensayar, para experimentar, para vivir. Y, por qué no, para divertirse.

Estos ejercicios han sido publicados en el libro *Ideas en acción. Ejercicios para la enseñanza y el desarrollo emocional*. Tiene dos partes. La primera se titula "La enseñanza y el aprendizaje en las organizaciones". En ella se incluyen siete bloques de ejercicios: lenguaje, enseñanza y aprendizaje, evaluación, diversidad, observación, organización y dirección. La segunda lleva por título "El desarrollo emocional en la escuela y en la familia". Tiene seis apartados: creatividad, género, diálogo, comunicación, diálogo, conflictos y educación sentimental. En total, 70 ejercicios didácticos (36 en la primera parte y 34 en la segunda). Aquí se reproducen solamente 13.

A través de la acción se puede comprender, se puede descubrir. Propongo hacer el recorrido inverso al tradicional: en lugar de ir de la teoría a la práctica, vayamos de la práctica a la teoría.

Que disfrutes leyendo y haciendo. Haciendo y leyendo. Todo libro debería tener este subtítulo: Preguntas y respuestas y preguntas...

EJERCICIOS SOBRE ENSEÑANZA Y APRENDIZAJE

Aprender es apasionante. El ser humano está diseñado para aprender. Explora, pregunta, busca... El problema es que, cuando se esco-lariza, algunos intereses espontáneos se ven trucados por la natura-leza teórica y fragmentaria del currículum, por la metodología poco motivadora del profesorado, por la homogeneización de los procesos de enseñanza (todos lo mismo, todos de la misma manera, todos en los mismos tiempos, todos en los mismos lugares...), por la falta de protagonismo del alumnado en el diseño, desarrollo y evaluación del currículum, por las rutinas, por el aburrimiento, por la falta de amor a la tarea y a aquellos con quienes se realiza...

Decía Winston Churchill algo que nos pone contra las cuerdas a los docentes: "Me encanta aprender, pero me horroriza que me enseñen". Este pensamiento nos pone a los profesores contra las cuerdas de la reflexión. ¿Por qué, a veces, los/as alumnos/as no quieren aprender?

Enseñar no es una tarea inespecífica. Requiere unos saberes especializados. Concepciones, destrezas y actitudes que posibilitan la acción de calidad.

Enseñar exige conocer quién es el aprendiz. Un pedagogo italiano dice que para enseñar latín a John más importante que conocer latín es conocer a John.

Los contenidos del currículum tienen poco que ver, muchas veces, con los intereses de los/as alumnos/as, con los saberes prácticos que se necesitan para vivir. Una profesora de biología le preguntó a una adolescente ensimismada en el aula:

–¿Cuántas patas tiene un artrópodo?
Y ella, suspirando, respondió:
–¡Ay, señorita, ya me gustaría a mí tener los problemas que usted tiene!

Los métodos, frecuentemente, no son los adecuados. No son motivadores, participativos ni dinámicos. La rutina es el cáncer de la didáctica.

Los ejercicios que siguen pretenden avivar la reflexión sobre la concepción del proceso de enseñanza y aprendizaje o la metodología que se utiliza por los docentes en las aulas.

EJERCICIO 1. Enseñanza y aprendizaje con significado

Instrucciones para la realización del ejercicio

Se forman dos grupos (A y B) integrados por miembros elegidos al azar. Estos dos grupos actuarán como alumnos/as. Ninguno de los miembros de los dos grupos conoce el contenido del ejercicio.

Se eligen dos grupos de profesores/as, de manera que cada uno de ellos pueda trabajar con 3 o 4 miembros de uno de los grupos de alumnos/a.

A uno de los dos grupos de profesores/as (llamémosle A') se les dan las siguientes sugerencias:

"Aprende lo mejor que puedas el contenido del cuadro que tienes delante (véase IMAGEN 4). Tu tarea consiste en explicarle al grupo que te corresponda la forma de reproducir con la mayor precisión posible el contenido de dicho cuadro."

Se les conceden 3 o 4 minutos para que estudien el contenido del cuadro.

Al otro grupo de profesores/as (llamémosle B') se les dan las siguientes sugerencias:

"En el cuadro que tienes delante se halla representado un caballo con su jinete. Aprende lo mejor que puedas el contenido del cuadro que tienes delante (véase la IMAGEN 4). Tu tarea consiste en explicarle al grupo la forma de reproducir con la mayor precisión posible el contenido de dicho cuadro."

A los miembros de este grupo se les concede el mismo tiempo de 3 o 4 minutos.

Cada uno de los profesores del grupo A' trabaja con 3 o 4 alumnos del grupo de alumnos A durante un tiempo que puede oscilar entre 10 y 15 minutos. Y, simultáneamente, cada uno de los profesores del grupo B' trabaja con 3 o 4 miembros del grupo B de alumnos/as.

Una vez finalizados los trabajos, los alumnos del grupo A y los del grupo B se muestran los dibujos realizados. Podrán observar la gran diferencia que existe en los contenidos.

A continuación se abre un debate en torno a las siguientes (u otras cuestiones):

¿Qué modelo de enseñanza/aprendizaje subyace en los grupos A y B?

¿Cómo aprenden los profesores de los grupos A' y B' el contenido de sus respectivos cuadros?

¿Qué efectos produce en la realización del trabajo el hecho de que el contenido tenga una estructura?

¿Cómo viven los profesores de ambos grupos el proceso de enseñar y aprender?

¿Cómo viven los alumnos de uno y otro grupo la realización de la tarea?

¿Qué se puede decir de la traslación de estos modelos a la práctica docente de enseñanza y aprendizaje en las escuelas?

IMAGEN 1: **Las manchas**

EJERCICIO 2. La retroalimentación en el aprendizaje

La experiencia consta de dos partes. Los asistentes tienen que tener delante un folio y un lápiz o bolígrafo. En la modalidad A, una persona voluntaria asume la tarea de ser profesor/a del grupo. Los participantes tienen que hacer lo que el profesor les pida sin hacer preguntas o pedir que repita lo que ha dicho y no han oído o entendido. Al profesor/a se le dan las siguientes instrucciones en voz alta, en presencia del grupo:

Instrucciones para la modalidad A

"Vas a permanecer de espaldas al grupo. Tienes que pedirles a los integrantes que reproduzcan en sus hojas la serie de triángulos que tienes delante (véase la IMAGEN 5). No puedes repetir, no puedes mirar para atrás, no puedes responder a las preguntas que hagan los asistentes. Yo voy a cronometrar el tiempo que inviertes en hacer la tarea".

Se realiza la tarea, que no suele durar mucho tiempo. La misma persona que ha actuado de profesor/a actúa en la segunda parte con las siguientes instrucciones:

Instrucciones para la modalidad B

"Vas a estar de cara al grupo. Tienes que pedirles a los integrantes que reproduzcan en sus hojas la serie de triángulos que tienes delante (véase la IMAGEN 6). No debes accionar con las manos indicando la posición de las figuras. Ahora puedes ir comprobando si se han entendido tus indicaciones e invitar a que quien no lo haya hecho haga las preguntas que desee. Hay que esperar a que se terminen las preguntas para avanzar. Yo voy a cronometrar el tiempo que inviertes en hacer la tarea."

Se realiza de nuevo la tarea que, en este segundo caso, durará más tiempo.

Se comprueba quiénes han hecho los cinco cuadrados bien orientados en la modalidad A y quiénes los han hecho correctamente en la modalidad B.

Análisis de las modalidades A y B

Es probable que haya más personas que han hecho bien los triángulos en la modalidad B. La tarea tiene la misma dificultad en ambas pruebas, pero en la segunda ha existido retroalimentación, se han hecho preguntas, ha existido interacción.

La modalidad A requiere menos tiempo. Lo que pasa es que ese tiempo que se requiere para la buena realización de la tarea o no se tiene o se destina a otras cosas. No tiene sentido seguir haciendo cuadrados, si se han perdido en el primero. Es lo que sucede cuando el profesor dice: "El programa es muy largo, tenemos que terminarlo, no hay tiempo para hacer preguntas".

El/la profesor/a ha aprendido muchas cosas a través de las preguntas que le hacen los participantes. No solo han mejorado ellos la tarea sino que han hecho posible con las preguntas una mejor transmisión de los mensajes por parte del/la profesor/a.

El aprendizaje de la modalidad B es más solidario que el de la modalidad A. En la modalidad A cada uno está a lo suyo; en la B, los que ya han entendido las instrucciones tienen que esperar a que los más lentos lo hagan.

Es probable que la modalidad A genere hostilidad de los participantes hacia la tarea y hacia quien la dirige. Ven de forma clara que, si no lo están haciendo bien, es por culpa de quien dirige la actividad. El problema se agrava si lo que está en juego es algo importante.

En la modalidad B aumenta la confianza de los participantes en el/la profesor/a y del/la profesor/a en los participantes. Y la seguridad de que se está haciendo bien.

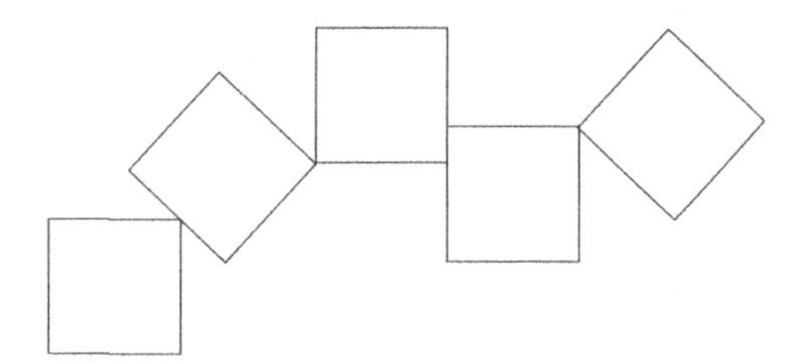

IMAGEN 2: Primera serie de cuadrados

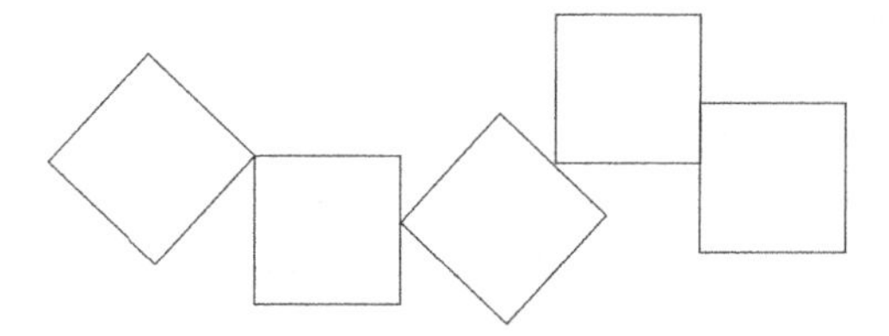

IMAGEN 3: Segunda serie de cuadrados

EJERCICIO 3. Técnica de la bola de nieve

a. Finalidad

Lo que se pretende con esta técnica es crear una dinámica de participación que va modificándose progresivamente, desde el mínimo hasta el máximo tamaño del grupo (y a la inversa). Algunas personas participan con facilidad en grupos pequeños y otras prefieren un foro más amplio. Todas tienen con este método la posibilidad de encontrar un espacio grupal de tamaño adecuado. El nombre metafórico de la técnica alude a la formación de la bola de nieve que va haciéndose más grande cuando rueda montaña abajo. Por otra parte, la discusión se va enriqueciendo con el contraste y los análisis y meta-análisis a los que da lugar el diálogo en cadena, que se articula sobre procesos de síntesis, análisis, explicación...

b. Metodología

Planteado el tema sobre el que se quiere trabajar, cada uno responde por escrito con algunas reflexiones. Luego se forman grupos de dos de tal manera que todos los miembros del macrogrupo puedan intervenir fácilmente, casi inevitablemente, en la discusión. Si el grupo es impar se pueden nombrar observadores que registren lo que sucede en el grupo de trabajo (colocación, tiempos, participación, silencios, humor, liderazgo, tono de voz, interacciones...).

Pasado un tiempo (que dependerá del tiempo total disponible, de la complejidad del tema, del tipo de personas que trabajen...) se forman grupos de cuatro (con dos grupos de dos) para seguir dialogando sobre el mismo tema.

Se vuelve a formar otro tipo de grupos con dos de los anteriores (cuatro más cuatro)... Y así sucesivamente hasta que el grupo general haga el análisis de toda la sesión.

c. Sugerencias

La técnica puede seguir el camino inverso, trabajando el tema central (o alguna variante del mismo) en el sentido contrario: primero todo el grupo, luego en dos grandes grupos, posteriormente en cuatro, hasta trabajar de dos en dos y luego cada uno hacer su reflexión escrita.

Puede trabajarse con un solo tema o bien ir poniendo un tema (o una parte del mismo) en cada nueva formación de grupos o, al menos, cuando comienza el tiempo del deshielo, es decir, cuando empieza a fraccionarse el grupo general.

EJERCICIO 4. El giro

Se constituyen equipos de cinco miembros repartidos por la sala. Uno de los miembros toma nota (el número de miembros de los microgrupos puede variar en función de los miembros del grupo general o de otros criterios). Cada equipo entabla discusión sobre el tema propuesto.

Cada diez minutos, uno de los miembros deja su grupo y va a unirse al grupo vecino. Este giro puede hacerse en dirección de las agujas del reloj o según otro criterio. Un animador da la señal para efectuar el giro.

La finalidad es doble. Se trata, por una parte, de enriquecer al grupo (cerrado sobre sí mismo) con la aportación de otros puntos de vista o enfoques diferentes. Por otra, se pretende ejercitar procesos adaptativos en la inclusión y en la recepción. La técnica permite unir las ventajas del trabajo en pequeños grupos con la del grupo grande.

Después de 40 minutos los miembros de cada equipo, excepto el secretario, que permanece siempre en el equipo del principio, han cambiado de lugar.

En el momento en que llega un nuevo miembro, el secretario le pone rápidamente al corriente de lo que se ha dicho, lo que constituye al mismo tiempo un resumen o síntesis para los tres antiguos. A su vez, el nuevo da la visión general rápida de lo que se ha dicho en el grupo que acaba de dejar. Se reemprende la discusión y se continúa.

Se acaba el giro después de 50 minutos. Cada vez que hay una rotación, el resumen o síntesis no apunta más que al último período de la discusión.

En el grupo general: los secretarios hacen sus comunicaciones por turno. El animador efectúa la síntesis final.

EJERCICIO 5. Las caricaturas

Las imágenes tienen denotación y connotación. Es decir, expresan ideas y sentimientos (denotación) pero también podemos nosotros hacerles decir cosas por nuestras interpretaciones (connotación). De ahí que una misma caricatura pueda ser interpretada por una persona positivamente y por otra de forma negativa.

En estas imágenes están representados 38 profesores/as (véanse las IMÁGENES 7 y 8). Cuando hay dos caricaturas en acción (por ejemplo, la 19 y la 20) una puede representar al profesor y otra al alumno o a la inversa.

Con estas hojas pueden hacerse varios ejercicios, individualmente o en grupos:

a. ¿Cuál de los personajes aquí representados desearías tener como profesor/a? ¿Por qué?
b. ¿Cuál de ellos no querrías tener nunca como profesor/a? ¿Por qué?
c. Elige una secuencia de tres caricaturas en la que se exprese la evolución de la trayectoria general de los docentes.
d. Elige tres caricaturas en las que se exprese tu propia evolución personal.
e. ¿Qué sugerencias harías a estos profesores en el momento de plantear la evaluación del alumnado?

Al terminar el trabajo de grupos se hacen públicos los resultados y las explicaciones que cada grupo o persona ha dado a sus elecciones. Y se procede al análisis.

(Véase Santos Guerra, M.A. (1990) *Imagen y educación.* Magisterio del Río de la Plata, Buenos Aires.)

IMAGEN 4: Caricaturas 1-21

IMAGEN 5: Caricaturas 22-38

EJERCICIO 6. Las viñetas

Primera viñeta

En esta viñeta (véase la IMAGEN 9) se refleja una determinada concepción de la enseñanza. El profesor tiene el conocimiento encerrado en una botella. Está cerrado, almacenado y no hay nada que hacer con él. El alumno es un recipiente pasivo. La tarea de enseñar consiste en echar agua de donde hay a donde no hay.

Se trata, en primer lugar, de analizarla. Y, posteriormente, de forma individual o en grupo, de elaborar una segunda viñeta en tres o cuatro imágenes para que refleje la concepción de la enseñanza que se describe a continuación:

Segunda viñeta

Enseñar es ayudar a que la persona quiera y sepa buscar, de forma autónoma, manantiales de agua. Una vez que los ha encontrado, que sea capaz de discernir si el agua está contaminada o es potable. Y, una vez que sepa que es potable, que la sepa compartir con quienes tienen sed y no la dedique a hacer fuentes ornamentales, surtidores y piscinas en su jardín mientras se muere la gente de sed a pocos metros de su vivienda.

IMAGEN 6: Viñeta

EJERCICIOS SOBRE EVALUACIÓN

Presento a continuación algunos ejercicios que nos permiten reflexionar sobre la evaluación. Sobre su naturaleza, condiciones, finalidades... Se trata de aplicarlos para comprender y de comprender para mejorar.

He dicho reiteradamente que una evaluación de naturaleza pobre propicia un proceso de enseñanza y aprendizaje pobre. En efecto, si pido en la evaluación la repetición memorística de lo aprendido, el aprendizaje se encaminará a la repetición (Ejercicio 1). A su vez, una enseñanza pobre generará unos pésimos resultados en la evaluación, como vimos en el Ejercicio 2 del apartado anterior.

La pregunta fundamental sobre la evaluación es la de saber a qué finalidades sirve, qué valores promueve y a qué personas ayuda (Ejercicio 2 de este apartado). Porque hay finalidades extraordinariamente ricas de la evaluación (comprender, aprender, mejorar, dialogar...), otras realmente pobres (comparar, medir, clasificar...), otras claramente inútiles como cuando se hace con fines burocráticos y otras claramente nocivas (jerarquizar, controlar, humillar, torturar...). Siempre que pregunto cuáles son las finalidades importantes, aparecen respuestas del primer grupo; cuando pregunto por las finalidades frecuentes, aparecen algunas de los grupos segundo, tercero y cuarto. Mi pregunta es inevitable: ¿por qué no coinciden las finalidades ideales con las reales?, ¿por qué no están las más frecuentes entre las más importantes?

Resulta imprescindible reflexionar sobre la evaluación. Lo hemos hecho en las partes primera y segunda a través de algunos textos. Ahora pretendo conseguirlo a través de algunos sencillos ejercicios prácticos.

La clave está en la interrogación, en la formulación de preguntas, en la búsqueda de las claves que nos permitan descubrir el sentido de lo que hacemos cuando evaluamos los aprendizajes.

Cuando las rutinas se instalan en las prácticas no hay forma de cuestionarlas. Se evalúa como el año anterior, se evalúa como siempre. Porque la duda incomoda, inquieta, incita a la búsqueda. La rutina permite instalarse tranquilamente en el error. No podemos olvidar que esta es una de las profesiones en las que es fácil atribuir el propio fracaso a los demás. Eso sucede cuando achacamos a la reprobación causas que son ajenas a la enseñanza: los alumnos no estudian, las familias no ayudan, los políticos no se preocupan, los sueldos son miserables... De esta manera no haremos nunca una pregunta que nos interpele: ¿merece la pena aprender lo que enseñamos?, ¿utilizamos métodos motivadores?, ¿mantenemos relaciones estimulantes, ¿evaluamos de forma ética y racional?

Ojalá que estos ejercicios nos lleven a formular muchas preguntas. No hay otra forma mejor de encaminarse, aunque sea de forma ardua y trabajosa, a buscar las respuestas.

EJERCICIO 1. Evaluación y tareas de aprendizaje

En un aula pueden realizarse diversos tipos de tareas, unas más ricas desde el punto de vista intelectual, y otras más pobres. Aunque todas tienen interés e importancia, es lógico que se conceda prioridad a las de mayor potencialidad cognitiva. En el siguiente ejercicio (que puedes hacer solo o en grupo) se trata de ordenar las tareas por orden de importancia intelectual (casilla 1).

Al lado, ordena las tareas según la frecuencia con la que aparecen en las pruebas de evaluación que tú realizas (casilla 2).

En una tercera casilla (3) anota el orden según la frecuencia con la que aparecen "en general" en las pruebas que realizan los profesores.

TAREAS	ORDEN 1	ORDEN 2	ORDEN 3
MEMORISTICAS			
ALGORITMICAS			
COMPRENSIVAS			
ANALITICAS			
CRITICAS			
COMPARATIVAS			
DE OPINION			
CREATIVAS			

Una vez realizadas las tres clasificaciones, analiza cómo condiciona la evaluación el proceso de enseñanza y aprendizaje y qué repercusión tiene el modo de hacer la evaluación en el orden deseable de las tareas.

Analiza también si la evaluación potencia más las tareas ricas o las pobres

(Doyle, W. (1979) "Clasroom Tasks and Students´Abilities". En Peterson, P.L. y Walberg, H.J. (Ed.) *Research on Teaching: Concepts, Findigns and Implications.* McCutchan Publishing Corporation, Berkeley, California).

EJERCICIO 2. Funciones de la evaluación

Más importante que hacer evaluación e, incluso, que hacerla bien, es saber al servicio de quién y de qué valores se pone. Por eso es muy importante saber qué funciones desempeña en la práctica. A continuación aparece una relación de funciones de la evaluación. Se trata de que ordenes esas funciones según la importancia que *realmente* se les da en la práctica cotidiana (columna 1) y, en la columna 2, según la importancia que debería dárseles *idealmente*. Las funciones no son excluyentes o incompatibles. Por eso proponemos la elaboración de un orden de todas las que se presentan.

Si no se dispone de mucho tiempo, puede pedírseles que elijan la más importante desde el punto de vista ideal y la más frecuente desde el punto de vista de la realidad.

FUNCIONES	ORDEN 1	ORDEN 2
SELECCION		
COMPROBACION		
DIALOGO		
DIAGNOSTICO		
APRENDIZAJE		
REORIENTACION		
DISCRIMINACION		
JERARQUIZACION		
MEJORA		
CONTROL		
COMPARACION		
MEDICION		
CLASIFICACION		
MOTIVACIÓN		
TORTURA		

Una vez terminadas las clasificaciones que pueden realizarse individual o grupalmente, se abre un debate sobre las discrepancias entre las dos relaciones y sobre cada una de ellas.

Es importante reflexionar sobre las causas que hacen que estén distanciadas las funciones reales de las ideales.

EJERCICIO 3. Análisis de imagen fija

Se proyecta una imagen en la pantalla o se entrega a cada uno un ejemplar de la ilustración de los animales alineados a los que el evaluador da la consigna siguiente: “Para que la evaluación sea justa, todos vais a realizar la misma prueba: vais a subir a ese árbol”. (Véase la IMAGEN 7).

En grupos deben responder a las siguientes cuestiones:

- ¿Qué repercusiones tiene la orden del evaluador en cada uno de los animales?
- ¿Es frecuente este modelo de evaluación en las escuelas?
- ¿Qué supuestos teóricos sustentan este modo de proceder?
- ¿Qué consecuencias tiene esta forma de evaluar para las personas y las instituciones?
- ¿Qué habría que hacer para superar esta forma de realizar la evaluación en las aulas?

Una vez finalizado el trabajo de los pequeños grupos, se realiza la puesta en común de los contenidos de cada uno de ellos.

IMAGEN 7: La evaluación y los animales

EJERCICIO 4. Evaluación verboicónica colectiva

Se necesita una superficie amplia para que los asistentes puedan escribir o dibujar. Puede ser una pizarra o un papel continuo fijado a la pared.

Se les pide a los asistentes que vayan saliendo de uno en uno para expresar sus ideas y sentimientos sobre la experiencia que se quiere evaluar.

El ejercicio tiene tres fases:

1. En la primera, los asistentes expresan mediante un dibujo o una palabra cuál es su valoración de la experiencia.

   Se puede salir tantas cuantas veces uno desee.

   Se puede añadir, subrayar, enlazar lo que otros han escrito o dibujado, pero no se puede borrar.

2. En la segunda, transcurrido el tiempo necesario para que todos puedan expresare, se abre un turno de preguntas para que los asistentes pidan explicaciones sobre aquello que no entienden de lo que otros han escrito o dibujado.

3. En la tercera se hace el análisis o la valoración de lo que se ha expresado y se añaden nuevas valoraciones de la experiencia evaluada y de la forma de evaluación.

4. Lo que se ve al final es una radiografía de la valoración de la experiencia. Pueden obtenerse fotografías del resultado final de la evaluación.

Se pueden formular algunas cuestiones sobre el método: ¿serían los mismos los resultados de no estar presente el/la profesor/a? Y esta otra: ¿Sería igual el resultado de haber sido anónima la forma de expresión?

EJERCICIO 5. Una flecha en el blanco

La evaluación puede concebirse y utilizarse como un fenómeno destinado al aprendizaje y no sólo a la comprobación de la adquisición del mismo. No es el momento final de un proceso y, aun cuando así sea, puede convertirse en el comienzo de un nuevo proceso más rico y fundamentado de aprendizaje.

Me gusta realizar con mis alumnos y alumnas el siguiente ejercicio para reflexionar sobre la evaluación como proceso de aprendizaje. Pido que un voluntario se acerque a la pizarra. Una vez allí le vendo los ojos con un pañuelo. Dibujo en el un gran blanco, con su punto central y cinco o seis anillos alrededor.

Seguidamente coloco al interesado frente al blanco y le pido que lance hacia el centro un trozo de tiza que previamente le ha dado. Cuando hace impacto el proyectil hago una "evaluación" sobre una escala de cinco grados (muy mal, mal, regular, bien, muy bien) y comunico al interesado el resultado sin explicarle las características de su desviación. Seguidamente le invito a repetir el lanzamiento y le vuelvo a comunicar el resultado de la evaluación. Después de hacerlo tres o cuatro veces, hago una pregunta cuya respuesta tiene una respuesta obvia y contundente por parte de los integrantes del grupo:

–¿Aprenderá de este modo a hacerlo bien?, ¿mejorará de esta manera el resultado de su lanzamiento?

La respuesta es tajante:

–No.

Obsérvese que el lanzador no puede hacer su autoevaluación, ya que ni sabe dónde está, ni sabe a dónde tiene que disparar, ni conoce el resultado de su esfuerzo.

El ejercicio puede tener muchas variantes. Por ejemplo, le doy varias vueltas sobre sí mismo al que va a realizar el lanzamiento, de manera que acabe casi mareado. Ejemplifico así el caso de los evaluadores que disfrutan haciendo difícil la tarea a los evaluados.

Otra variante es hacer la evaluación del lanzamiento, anotarla en el cuaderno de calificaciones, pero no informar al lanzador del resultado. Pedirle que lo siga intentando sin comunicarle nunca el resultado.

Si realizan el ejercicio varias personas, esta forma de hacer la evaluación permitiría clasificar a los lanzadores (1º, 2º, 3º...) sin que ellos supieran exactamente por qué ocupaban un determinado lugar. De la misma forma podría hacerse una selección de los mejores o una eliminación de los peores. En ninguno de estos casos permitiría el proceso aprender nada nuevo a los/as evaluados/as.

Puede también hacer el evaluador algún comentario después de realizar el primer lanzamiento (o, incluso antes, como sucede en las profecías de autocumplimiento). Por ejemplo:

–Nunca he visto lanzar tal mal a un blanco, nunca he observado tan escaso interés y tan poco acierto.

O, lo que es peor:

–Tú no sirves para esta tarea, jamás la harás con perfección.

Seguidamente le pido al interesado que se quite el pañuelo que le impide ver. Le sitúo frente al blanco y le pido que lance. Él mismo ve (y señala) dónde ha impactado la tiza. Dialoga conmigo sobre el acierto o desacierto. Tras pedirle tranquilidad y aconsejarle que varíe la posición si lo considera necesario, lo invito a repetir. De forma casi inexorable va haciendo mejor la tarea y consiguiendo un resultado más positivo.

Un ejercicio tan cargado de obviedad permite reflexionar sobre algunos problemas que tiene la evaluación educativa: cargar de dificultad la tarea, no devolver la información, no explicar el proceso, no hacer autoevaluación, tener en cuenta sólo el resultado...

En alguna ocasión me he permitido, después de realizar el ejercicio que acabo de narrar, hacer una broma no exenta de significado. Borro el blanco y digo:

–Ahora voy a realizar yo el ejercicio para que aprendáis cómo se dispara al blanco. Prestad atención.

Lanzo una tiza y en el punto exacto del impacto, coloco el punto central y trazo los anillos alrededor.

–Así no se falla nunca...

EJERCICIO 6. La obsesión por los resultados

Analizar el siguiente texto en pequeños grupos. Lo publiqué hace algunos años en el periódico *La Opinión* de Málaga.

Estamos en época de evaluaciones escolares. Un momento decisivo que condiciona toda la enseñanza. Los resultados. Me preocupa mucho que el principal objetivo de los alumnos y de las familias sea conseguir buenas notas. Y que aprender, disfrutar aprendiendo, ayudar a otros a que aprendan, saber utilizar el conocimiento para ser mejores personas, sean cuestiones de menor importancia.

El conocimiento académico tiene valor de uso y valor de cambio. Posee valor de uso cuando tiene interés por sí mismo, cuando es aplicable, cuando genera motivación por su contenido, cuando responde a las necesidades cognitivas y vitales del que aprende, cuando ayuda a mejorar. Tiene valor de cambio porque, si se demuestra que se ha adquirido (tenga o no valor de uso), puede ser canjeado por una calificación. Si demuestras que sabes lo que se ha enseñado tienes una buena nota. Independientemente de que el conocimiento adquirido sea atractivo, significativo, enriquecedor y relevante para el que aprende.

Hay que poner en cuestión permanente el valor de uso porque el conocimiento que se debe transmitir en la escuela no siempre ha de ser el mismo. Se trata de hacerse preguntas importantes: ¿Qué es preciso aprender? ¿Cuál es el conocimiento más valioso, más útil, más necesario? ¿Para qué sirve el conocimiento adquirido? Cuestiones siempre vigentes, siempre inquietantes, siempre problemáticas que no se pueden contestar de una vez por todas. Acabo de leer un artículo de Philippe Perrenoud que dice sarcásticamente que "la escuela no sirve para nada". Ben Laden –sostiene el escritor francés– es una persona instruida, los presidentes de las multinacionales son personas cultas, más de la mitad de los doce dignatarios nazis que decidieron la creación de las cámaras de exterminio tenían un doctorado…

Hay que someter a revisión la importancia que tiene el valor de cambio. Sería preocupante que los escolares acudiesen exclusivamente a las instituciones por el valor de cambio que tiene el conocimiento que adquieren en ella. Es decir, porque al demostrar que lo han adquirido les conceden una calificación, una nota, que les sirve para obtener un certificado académico.

Todo ello tiene que ver con la evaluación de los aprendizajes. Cuando lo que predomina es el valor de cambio, lo único importante es conseguir la calificación mejor. O, al menos, la suficiente para tener un aprobado. Lo más importante es, pues, aprobar, no aprender. Y menos aún, ser mejores personas.

De ahí muchos vicios que se hallan presentes en las instituciones escolares. No importa no aprender nada con tal de conseguir un buen resultado. No importa acabar odiando el aprendizaje con tal de alcanzar una buena calificación. Decía Winston Churchill: "Me encanta aprender, pero me horroriza que me enseñen". No importa copiar o alcanzar la nota por métodos tramposos. Lo que importa es aprobar como sea.

Las familias ante las calificaciones no se hacen las siguientes preguntas: ¿te has esforzado mucho?, ¿has aprendido cosas interesantes?, ¿has ayudado a otros que no entendían?... Las preguntas clave son: ¿cuántas has reprobado?, ¿tienes que recuperar?, ¿qué te ha quedado?... Por eso los estudiantes están obsesionados por las calificaciones, no por el aprendizaje, no por los valores. Si se suspenden las clases, no hay problema. Si no se aprende, no hay problema. El curso se pierde cuando no se aprueba, no cuando no se aprende.

El alumno aprueba cuando es capaz de repetir, no cuando demuestra que es capaz de pensar, de criticar, de analizar, de aplicar positivamente el conocimiento. "Señor, haz que Felipe V sea hijo de Carlos II, porque escribí eso en el examen", pide un niño después de realizar un examen de historia. Para satisfacer el deseo del niño, diría un teólogo al uso, a Dios no le hace falta siquiera usar de su fuerza retroactiva, le basta modificar solo el presente, corregir el Manual de Historia y las ideas del profesor, ya que a ese niño sólo le importa aprobar el examen, no tiene interés en que Carlos II goce de una descendencia milagrosa.

Las finalidades de la evaluación pueden ser múltiples. La más elemental es la de comprobar si se han producido los aprendizajes. Hay otras deseables. Y algunas perniciosas. Es deseable la de comprender el proceso de enseñanza y aprendizaje para poder mejorarlo. Las negativas conducen al sometimiento, a la comparación, a la clasificación, a la selección...

Muchos padres y madres, en estas fechas, se muestran inquietos por los resultados. Algunos sólo se preocupan al final, aunque el proceso seguido durante todo el curso sea lo importante.

Una profesora (y madre también) me envía desde Barcelona este significativo texto: "Un padre entró en la habitación de su hija y encontró una carta sobre la cama. Con la peor de las premoniciones la leyó mientras le temblaban las manos. He aquí el texto íntegro:

> *Queridos papá y mamá: Con gran pena y dolor les digo que me he escapado con mi nuevo novio. He encontrado el amor verdadero y es fantástico.*
>
> *Me encantan sus piercing, cicatrices, tatuajes y su gran moto. He aprendido que la marihuana no daña a nadie y la vamos a cultivar para nosotros y nuestros amigos. Ellos nos proporcionan toda la cocaína y pasta base que queremos.*
>
> *Entretanto rezaremos para que la ciencia encuentre una cura para el SIDA, con el fin de que el Joni (así se llama mi novio) se mejore. Él se lo merece porque es un chico estupendo.*
>
> *No os preocupéis por el dinero. El Joni lo ha arreglado para que participe en algunas películas que sus amigos Brian y Mikel ruedan en su sótano. Por lo visto puedo ganar 500 euros por escena y otros 500 más si hay más de tres hombres.*
>
> *He dejado para el final la noticia más importante: estoy embarazada. El principal de mis sueños es tener muchos más hijos con el Joni.*
>
> *No te preocupes, mamá. Ya tengo quince años y sé cómo cuidar de mi misma. Algún día os visitaré para que conozcáis a vuestros nietos.*
>
> *Con cariño, vuestra hija*
>
> *Susi*
>
> *P.D. Papá y mamá, era una broma. Estoy viendo la tele en la casa de la vecina. Llamadme en cuanto leáis la carta. Sólo quería mostraros con ella que hay cosas peores en la vida que las malas notas que os adjunto en la presente."*

EJERCICIO 7. Procesos de atribución

Es sabido que una cosa es la comprobación de los aprendizajes realizados por el alumnado y otra la explicación o atribución de las causas que han impedido el aprendizaje.

Analizar este texto y tratar de trasladarlo a la cadena de excusas que se utilizan en el sistema educativo para explicar el fracaso de los/as alumnos/as a causa de la mala preparación debida a las deficiencias de niveles inferiores.

La culpa es de la vaca

Existía un estrepitoso fracaso de la venta de artículos de cuero colombianos en el mercado de Estados Unidos. Y encargaron a un equipo de investigadores de la firma Monitor que realizase un estudio sobre las causas que estaban propiciando la ruinosa situación.

Los investigadores empezaron preguntando a los fabricantes de dos mil almacenes de Colombia sobre las causas del estrepitoso fracaso. Les dieron la siguiente explicación: NO ES CULPA NUESTRA. El fracaso tiene su origen en las tarifas arancelarias que se imponen a las curtidurías y que bloquean la venta de cueros colombianos para favorecer la entrada en Estados Unidos de cueros argentinos.

El equipo le planteó entonces explorar la situación consultando a los dueños de las curtidurías para ver qué opinión tenían sobre el fracaso de las ventas. Y dijeron: NO ES CULPA NUESTRA. El problema está en los mataderos porque lo que les importa es la carne y maltratan los cueros de los que no esperan tener una especial ganancia.

Los integrantes del equipo de investigadores, armados de toda su paciencia y rigor, acudieron a los mataderos para preguntar cuál era su visión del problema. En su mayoría dijeron lo siguiente: NO ES CULPA NUESTRA. El verdadero problema está en los ganaderos que marcan por todas las partes a las reses para que no se las roben y usan venenos para matar las garrapatas, venenos que acaban dañando las pieles.

Finalmente acudieron a visitar e interrogar a los ganaderos. Ellos dijeron: El fracaso de la venta NO ES CULPA NUESTRA. Esas estúpidas vacas se restriegan contra los alambres de púas para aliviarse de las picaduras, prácticas que destruyen los cueros.

La conclusión del equipo de investigadores de la firma Monitor fue muy sencilla: Los productores colombianos de carteras de cuero no pueden competir en el mercado de los Estados Unidos porque sus vacas son estúpidas.

Referencias bibliográficas

ADELMAN, C. (1987) *The politics of evaluating*. En SKILBECK, M.: *Evaluating Curriculum in the Eighties*. London. Hodder and Stoughton.

AHUMADA, P. (2005) "La evaluación auténtica: un sistema para la obtención de evidencias y vivencias de los aprendizajes". En *Perspectiva Educacional.* N° 45.

ÁLVAREZ MÉNDEZ, J.M. (1994) "La evaluación del rendimiento de los estudiantes en el sistema educativ, español". En ANGULO, F. y BLANCO, N.: *Teoría y desarrollo del currículum.* Aljibe. Archidona.

——— (1995) Valor social y académico de la evaluación. En VARIOS: *Volver a pensar la educación.* Madrid. Morata.

——— (2000) *Evaluar para conocer, examinar para excluir.* Morata. Madrid.

ANIJOVICH, R. (Comp.) (2013) *La evaluación significativa.* Paidós. Buenos Aires.

APPLE, M. (1986) *Ideología y currículo.* Akal. Madrid.

BAIN, K. (2008) *Lo que hacen los mejores profesores universitarios.* Universidad de Valencia

BÉLAIR, L.M. (2000) *La evaluación en la acción.* Díada. Sevilla.

BERNSTEIN, B. (1990) *Poder, educación y conciencia.* El Roure. Barcelona.

CANO GARCÍA, E. (1998) *Evaluación de la calidad educativa.* La Muralla. Madrid.

CASANOVA, M. A. (1995) *Manual de evaluación.* La Muralla. Madrid.

CRONBACH, L. (1987) Issues in Planning evaluations. En Murphy, R. y TORRANCE, H.: *Evaluating Education: Issues and Methods*. London. Paul Chapman.

DOYLE, W. (1979) Clasroom Task and Students´Abilities. En PETERSON, P.L. y WALBERG, H.J. (Eds) *Research on teaching: Concepts,*

Findings and Implications. McCutchan Publishing Corporation. Berkeley. California.

ELLIOT, J. (1993) *El cambio educativo desde la investigación acción*. Morata. Madrid.

——— (1998) *Investigación acción en educación*. Morata. Madrid.

FERNÁNDEZ PÉREZ, M. (1986) *Evaluación y cambio educativo. El fracaso escolar*. Morata, Madrid. (Nueva edición en 2005.)

GIMENO SACRISTÁN, J. (1992) "La evaluación en la enseñanza". En GIMENO SACRISTÁN, J. Y PÉREZ GÓMEZ, A. *Comprender y transformar la enseñanza*. Morata. Madrid.

GONZÁLEZ RAMÍREZ, T. (2000) *Evaluación y gestión de la calidad educativa. Un enfoque metodológico*. Aljibe. Archidona.

HALLACK, J. (1977) *¿A quién beneficia la escuela?* Caracas. Monte Ávila.

HOUSE, E. (1984) *Evaluación, ética y poder*. Morata. Madrid.

JIMÉNEZ JIMÉNEZ, B. (1999) "Evaluación de la docencia". En JIMÉNEZ JIMÉNEZ, B. y otros: *Evaluación de programas, centros y profesores*. Síntesis. Barcelona.

MARINA; J.A. (2008) *La inteligencia fracasada*. Anagrama. Madrid.

NEILL, A. (1978*) Corazones, no solo cabezas en la escuela*. Editores Mexicanos Unidos. México.

PÉREZ GÓMEZ, A.I. (1998) *La cultura escolar en la sociedad neoliberal*. Akal. Madrid.

PERRENOUD, Ph. (2001) "L´éccole ne sert à rien!". En *Tribune de Genève*.

RAMIREZ, J.L. (1991) "La retórica como lógica de la evaluación". En *Bordón,* N° 43.

ROSALES LOPEZ, C. (1990) *Evaluar es reflexionar sobre la enseñanza*. Marova. Madrid.

SAN FABIÁN, J.L. (2014) *Evaluar programas socioeducativos en tiempos de crisis*. Trabe. Oviedo.

SANTOS GUERRA, M. A. (1993) *La evaluación en Educación Primaria*. MEC. Madrid.

——— (1993) *La evaluación, un proceso de diálogo, comprensión y mejora*. Aljibe. Archidona. (Publicado posteriormente en la Editorial Magisterio del Río de la Plata de Buenos Aires en dos tomos, con los títulos *Evaluación educativa I y Evaluación educativa II.*)

——— (1996) "Crítica de la eficacia y eficacia de la crítica. Lo verdadero, lo verosímil y lo verificable en el análisis de las instituciones educativas". Ponencia presentada al IV *Congreso Interuniversitario de Organización Escolar*. Tarragona.

SANTOS GUERRA, M. A. (1996) "Cultura que genera la evaluación en las escuelas". En VARIOS: *Las prácticas culturales en el aula: metodología y evaluación*. Granada. CEP.

——— (1998) *Evaluar es comprender*. Magisterio del Río de la Plata. Buenos Aires.

——— (1999) "20 paradojas de la evaluación en la universidad española". Revista electrónica http://www.uva.es/aufop/aufopweb.htm. 13

——— (2000) *La escuela que aprende*. Morata. Madrid.

——— (2001)) *Enseñar o el oficio de aprender. Organización escolar y desarrollo profesional*. Homo Sapiens. Rosario.

——— (2003*) Una flecha en la diana. La evaluación como aprendizaje*. Ed. Narcea. Madrid.

——— (Coord.) (2003) *Trampas en educación. El discurso sobre la calidad*. La Muralla. Madrid.

——— (Coord.) (2005) *Escuelas para la democracia. Cultura, organización y dirección de instituciones educativas*. Gobierno de Cantabria. Santander.

——— (2006) *Arqueología de los sentimientos en la escuela*. Bonum. Buenos Aires. (Traducción al portugués en la Editorial ASA. Porto).

——— (2007) "Epistemología genética y numismática o el absurdo arte de la copia". En CASAMAYOR, G. (Comp.). *Los trucos del formador*. Graó. Barcelona.

——— (2009) Almas tatuadas. Aprendizagens sobre avaliaçao a partir da experiencia. En *Sísifo. Revista de Ciencias da Educaçao*. Nº 9.

——— (2015) *La evaluación como aprendizaje. Cuando la flecha impacta en la diana*. Narcea. Madrid.

SANTOS GUERRA, M.A. y URBINA; C. (Coord.) (2013) *La evaluación como aprendizaje. Experiencias en la Universidad de Santiago de Chile*. USACH. Santiago.

SANTOS GUERRA, M.A. y SMOLKA, I. (Coord.) (2015) *Reflexionar para mejorar la evaluación. Experiencias en la Facultad de Políticas y Sociología de la Universidad de Granada*. Servicio de Publicaciones. Universidad de Granada.

SHAMSIE, K. (2009). *Sombras quemadas*. Salamandra. Barcelona.

STAKE, R. (2006*) Evaluación comprensiva y evaluación basada en estándares*. Graó. Barcelona.